# klein & fein
# Pizza

a cook book

| | |
|---|---|
| Fladenbrot, Pizza & Co. | 4 |
| Panini, Ciabatta, Grissini, Piadina ... | 6 |
| Die verschiedenen Mehlsorten | 8 |
| Gewürze bestimmen den Geschmack | 10 |
| Grundteig für Brot und Pizza | 12 |
| Crescentine | 14 |
| Sauerteig | 15 |
| Kräuter – frisch und würzig | 16 |

| | |
|---|---|
| Tomaten | 18 |
| Oliven, Olivenöl und Kapern | 20 |
| Käse – Formaggi | 22 |
| Anisfladen | 24 |
| Würziges Tomatenbrot | 26 |
| Pizza Margherita | 28 |
| Sfincione | 31 |
| Focaccia mit Sardinen | 34 |





Text und Rezeptfotos: Teubner Foodfoto, Schwangau
Projektleitung: Marc Strittmatter
Redaktion: Adriane Andreas
Produktion: Petra Roth
Layout und Satz: Verlagsservice Karlheinz Rau, München
Umschlaggestaltung: Grafikhaus, München
Umschlagfotos vorne: S. & P. Eising, Studio Bonisolli, L. Mastri: StockFood
Umschlagfoto hinten: Teubner Foodfoto
Druck und Bindung: Sachsendruck GmbH, Plauen

ISBN 3-7742-5010-3

Calzone mit Zwiebeln und Tomaten 53
Focaccia mit Oliven 56
Ribollita 57
Calzone mit dreierlei Käse und Salami 58
Pizza mit Artischocken und Schinken 60
Torta fritta und Sgonfiotti 63
Glossar 64



Focaccia mit Pecorino und Schinken 36
Torta cappuccina 39
Cipollata 42
Crostini mit Olivenpaste 44
Crostini mit Estragonsauce 46
Bruschette mit Tomaten 48
Vintschger 49
Piadina 50

# Fladenbrot, Pizza & Co.

## pizze e pane

### Das tägliche Brot

Gerade für die italienische Küche gilt das Wort vom »täglichen Brot« wie für kaum eine andere, gibt es doch nur wenige Mahlzeiten, zu denen in Italien kein Brot oder zumindest anderes, brotähnliches Backwerk gereicht wird. »Pane« wird dort überwiegend aus hellem oder aus Vollkorn-Weizenmehl zubereitet.

Doch reicht man Brot oft nicht nur als Beilage, es ist vielmehr unverzichtbarer Bestandteil vieler Antipasti – etwa »crostini« oder »bruschette« – oder von Suppen wie »pancotto«, was schließlich zu Deutsch nichts anderes bedeutet als gekochtes Brot. Und der toskanische Brotsalat »panzanella« wird mit eingeweichten Brotscheiben vom Vortag zubereitet. Eine solche Verwertung ist allein schon deshalb oft nötig, weil die meisten Weißbrote eigentlich am gleichen Tag verzehrt werden sollten, an dem sie gebacken werden. Und alles, was übrig bleibt, wird eben phantasievoll anderntags zubereitet.

### Fladenbrote

Sie sind die ursprünglichste Form des Brotes, und im Grunde ist für ihre Herstellung nicht viel mehr notwendig als Mehl und Wasser, eventuell noch Salz. Die Zutaten werden verknetet, dünn ausgerollt und meist auf einer heißen Platte auf beiden Seiten gebacken. Solche Fladenbrote sind normalerweise zum sofortigen Verzehr bestimmt, denn sie werden schnell hart und spröde.

Genau das nutzt man jedoch für »pane carasau«, das traditionelle hauchdünne, knusprige Fladenbrot sardischer Bauern und Hirten. Um es lange haltbar zu machen, werden die aus Mehl und feinem Hartweizengrieß hergestellten Fladen sogar erst gebacken und dann noch einmal einzeln im Ofen getrocknet. Aus der bäuerlichen Küche stammen auch die »crescentine« (Seite 14) oder die »piadina« aus der Emilia-Romagna (Seite 50). Letztere wird auf speziellen gusseisernen oder tönernen Platten gebacken.

### Focaccia

Noch dickere Fladenbrote, die mit Hefe zubereitet werden, bäckt man dagegen gleich im Ofen, wie die »focaccia«, von der es regionale, unterschiedliche Variationen gibt. Im einfachsten Fall wird für ihre Zubereitung Hefeteig auf einem Blech ausgerollt, gebacken und in rechteckige Stücke geschnitten, die solo oder belegt verzehrt werden.

Bekannter jedoch sind Focaccie, wenn sie ähnlich einer Pizza gleich mit einem Belag gebacken werden. Der kann nur aus Olivenöl und grobem Salz bestehen; diese einfache Variante heißt in der Toskana und in Umbrien »schiacciata« (Seite 56).

Vielerorts wird sie aber auch mit Sardinen, Zwiebeln, Oliven oder Käse belegt (Seite 34 und 36). Man sieht: Der Schritt von der Focaccia zur noch üppiger belegten, im Teig jedoch dünneren neapolitanischen Pizza ist gar nicht mehr weit.

### Pizza

Auch wenn sie in Italien nicht zum Brot zählt, muss sie hier genannt werden, wird sie doch traditionell aus demselben Teig – mal mit Hefe, mal mit Sauerteig als Triebmittel – hergestellt, aus dem man auch das Brot zubereitet, und die Bäcker schieben die Fladen nach dem Brotbacken in den Steinofen, um auf diese Weise dessen Restwärme noch zu nutzen. Wie viele der beliebtesten italienischen Gerichte gehört auch die Pizza ursprünglich zur »cucina povera« und war ein würziger, aber nicht üppig belegter Imbiss, den man aus der Hand verzehrte.

**Im Steinofen, der mit Holz befeuert wird**, bäckt man traditionell Brot, Pizza & Co. – auf italienischen Bauernhöfen zum Teil bis heute. Solange die Temperatur recht hoch ist, nutzt man sie zum Backen größerer Brotlaibe. Fladen, wie etwa Pizza und Focaccia, werden erst danach eingeschoben. Bei Backdauer und Temperatur muss man sich dabei ganz auf seine Erfahrung verlassen.

# Panini, Ciabatta,

## Grissini, Piadina ...

Noch weit vielgestaltiger als die Fladenbrote sind die Formen, welche italienische Bäcker ihren Brotlaiben und Brötchen geben. Da reicht das Spektrum vom mehr oder weniger runden, rustikalen Bauernbrot über »pane a cassetta« beziehungsweise »pan carré«, Kastenbrot, das für Toasts, »tramezzini« – die italienischen Sandwiches – oder »tartine«, die delikaten Häppchen, Verwendung findet, bis hin zu Zöpfen, Hörnchenformen, großen Kringeln oder so phantasievoll geformten Laiben wie den sizilianischen, die links unten im Bild zu sehen sind und die alle aus ein und demselben Teig gebacken wurden.

Brote in speziellen Formen werden zuweilen auch an besonderen Feiertagen zubereitet, wie zum Beispiel »pan di Giuseppe«, das in einem kleinen Dorf auf Sizilien am Tag des heiligen Joseph auch schon mal die Form eines Fisches oder anderer christlicher Symbole erhalten kann. In Rom dagegen liebt man das »bastone«, Stock, genannte Stangenweißbrot, das dem französischen Baguette ähnelt. Viele römische Brötchen, »panini«, sehen aus wie eine kleinere Ausgabe davon.

**Brote aus Sizilien** in allen erdenklichen Formen. Backen hat auf der großen Insel eine lange Tradition, was nicht weiter verwunderlich ist, da sie mit ihren fruchtbaren Böden bereits in der Antike als Kornkammer galt. Deshalb war sie erklärtes Ziel von Eroberern aller Art, die auch kulinarisch ihre Spuren hinterließen.

### Ciabatta

Weit über die Grenzen Italiens hinaus bekannt ist »ciabatta«, ein Landbrot von lang gestreckter Form, dessen Name übersetzt »Hausschuh« bedeutet. Diese Bezeichnung ist insofern berechtigt, als die Form des Brotes tatsächlich manchmal an einen weichen Pantoffel erinnern kann. Das liegt vor allem daran, dass Ciabatta aus einem recht weichen Hefeteig mit Olivenöl gebacken wird.

#### Rezept

Wer einmal selbst Ciabatta backen möchte, braucht dazu 750 g Weizenmehl, 1 Würfel frische Hefe (42 g), ½ l lauwarmes Wasser, 2 TL Zucker, 160 ml Olivenöl und 3 TL Salz.

Aus Mehl, Wasser, Hefe und der Hälfte des Zuckers einen Vorteig ansetzen und ihn 1 Stunde an einem warmen Ort gehen lassen. Dann die restlichen Zutaten untermischen und den Teig danach 3 Stunden gehen lassen. Durchkneten und noch einmal 3 Stunden gehen lassen. Dann lange, an den Enden abgerundete Laibe formen, mit etwas Mehl bestauben und die Brote nach einer letzten Gehzeit von ½ Stunde 25 bis 30 Minuten bei 250 °C backen.

Insgesamt also ein einfaches, aber zeitaufwändiges Rezept. Doch erhält die Ciabatta nur durch die langen Gehzeiten ihre charakteristische weiche Krume mit den großen, unregelmäßigen Poren sowie die dünne, weiche Kruste. Zuweilen wird der Ciabatta-Teig zusätzlich mit klein geschnittenen schwarzen Oliven oder Stückchen von getrockneten Tomaten angereichert. Frisch gebacken, schmeckt ein solches Brot dann auch ohne Belag ganz köstlich. Aus Ciabatta-Teig können auch Brötchen zubereitet werden, die meist von fast quadratischer oder ovaler Form sind.

## Toskanisches Weißbrot

Fast ebenso berühmt wie Ciabatta ist das toskanische Weißbrot. Seine Besonderheit: Es kommt ganz ohne Salz aus. Warum das so ist, dürfte nie so ganz geklärt werden – ob es nun aus einer Zeit stammt, in der Salz rar und teuer war, oder ob die Toskaner bewusst auf das Salz verzichten, um den Eigengeschmack des Belags hervorzuheben, sei dahingestellt. Sicher ist jedoch, dass die diversen toskanischen »crostini«, »fettunta« – mit Knoblauch eingeriebene und mit Olivenöl beträufelte geröstete Brotscheiben – oder die oben erwähnte »panzanella« nur mit dem ungesalzenen Brot so unvergleichlich gut schmecken.

## Grissini

Grissini, die als Knabbergebäck einen Siegeszug nahezu um die ganze Welt angetreten haben, werden aus Weißbrotteig hergestellt. Meist erhält man sie – selbst in Italien – konfektioniert, das heißt alle Stangen gleich lang und gleich dick und in Folie verpackt. »Echte«, von Hand geformte Grissini dagegen sind unregelmäßig und oft viel länger als die Fertigprodukte.

Manchmal werden sie vor dem Backen noch mit Mohn- oder Sesamsamen bestreut, so sind sie etwas würziger. In Italien werden sie meist zu Antipasti gereicht, ebenso wie die ursprünglich kampanischen, inzwischen jedoch in ganz Süditalien verbreiteten »taralli«, die es in Kringel-, Brezel- oder Knotenform gibt.

1 Piadina ist das typische Brot der Emilia-Romagna. Die Fladen kann man pur, aber auch auf diverse Weise köstlich gefüllt verzehren.

2 Ciabatta und Ciabattini kann man aus dem gleichen Teig zubereiten – die Brötchen bleiben allerdings natürlich nicht so lange im Ofen.

3 Pane carasau oder Carta da musica, Notenpapier, heißt dieses hauchdünne Fladenbrot, eine Spezialität aus Sardinien.

4 Grissini, die gern zum Aperitif gereichten Knabberstangen, kommen ursprünglich aus Turin, sind aber inzwischen in ganz Italien zu finden.

# Die verschiedenen Mehlsorten

## Die Getreidesorten

Das in Italien mit Abstand beliebteste und am häufigsten zum Backen gebrauchte Mehl ist dasjenige, das aus den weichen, mehligen Körnern des Weichweizens, einer speziellen Weizensorte, hergestellt wird. Darüber hinaus verwendet man auch feinen Grieß aus Hartweizen, der nicht zu feinem Mehl vermahlen werden kann.

Bei diesen beiden Weizensorten gibt es ein deutliches Nord-Süd-Gefälle: Während das Mehl im Norden nicht weiß und fein genug sein kann, greift man im Süden, etwa in Apulien, auch gern einmal zu Hartweizen. Er sorgt für besonderen »Biss«, und mit Hartweizengrieß hergestelltes Brot »altert« nicht so schnell wie solches aus Weichweizenmehl. Doch wird auch, vor allem in den Alpenregionen, Roggenmehl zu Brot verbacken, und manch andere Brotspezialität bereitet man gar mit Maismehl zu.

## Was ist das Besondere an Weizenmehl?

Grundsätzlich kann man einen Teig aus fast jedem Getreidemehl unter Zugabe von Wasser und eventuell Salz zubereiten. Allerdings lassen sich auf diese Weise höchstens dünne Fladen backen. Möchte man dagegen Brotlaibe oder Kuchen mit schöner Porung und lockerer Krume, ist zusätzlich ein Triebmittel wie Hefe nötig.

Und genau da kommt die Besonderheit des Weizenmehls ins Spiel: Weizenmehl enthält einen spezifischen Kleber, auch Gluten genannt. Dieses Protein ist dafür verantwortlich, dass sich im Teig eine Art Gerüst – das durch Salzzugabe stabilisiert wird – ausbildet. Darin können sich die durch die Arbeit der Hefe entstehenden Gasbläschen festsetzen, so dass sich Poren bilden. Damit der Kleber richtig arbeiten kann, braucht er jedoch Zeit. Das ist der Grund dafür, dass Hefeteige vor dem Gehen lange und gründlich geknetet werden müssen (Seite 12).

Da andere Getreidesorten Arten von Gluten besitzen, die nicht die günstigen Eigenschaften des Weizenklebers aufweisen, muss man fast alle anderen Mehle mit einem unterschiedlich hohen Anteil an Weizenmehl mischen, wenn man sie verbacken möchte.

Die einzige Ausnahme ist Roggenmehl: Auch aus reinem Roggenmehl lassen sich Brotlaibe herstellen, die dann allerdings ein anderes besonderes Triebmittel, nämlich Sauerteig, brauchen (Seite 15).

## Die Weizenmehl-Typen

Weizenmehl ist nicht gleich Weizenmehl – wobei vorausgeschickt werden muss, dass es im Folgenden ausschließlich um Weichweizenmehl geht: Es kommt dabei darauf an, wie stark die Körner ausgemahlen wurden, das heißt, welche Bestandteile des Korns ins Mehl gelangen. Wird nur das stärkehaltige Innere des Korns vermahlen, so erhält man ein weißes, feines Mehl, das jedoch nur wenige Mineral- und Ballaststoffe enthält. Oder andersherum: Je mehr von den äußeren Schichten, die das Korn umgeben, mitgemahlen werden, desto dunkler und gehaltvoller wird das Mehl. Sowohl in Italien als auch hierzulande kommt Weizenmehl typisiert in den Handel. So kann man sicher sein, dass das gekaufte Mehl einer Type immer den gleichen Mineralstoffgehalt, die gleiche Farbe und die gleichen Verarbeitungseigenschaften besitzt.

Allerdings werden die Typen in den beiden Ländern unterschiedlich bezeichnet. In Italien gibt es eine Klassifizierung von 00 (»doppio zero«) über 0, 1 und 2 bis hin zu »farina integrale», also Vollkorn-Weizenmehl. Hierzulande ist das Typenschema noch etwas weiter aufgefächert, doch entsprechen einige deutsche Mehltypen genau den italienischen: Type 405 dem »doppio zero«, Type 550 dem italienischen Typ »0«, Type 812 dem Typ »1« und Type 1200 dem Typ »2«. »Farina integrale« wird hierzulande als Type 1700 gehandelt. In Italien werden, ganz folgerichtig, auch die Brotsorten nach den Mehltypen klassifiziert, aus denen sie ursprünglich hergestellt wurden.

**Weizen, gemahlen oder geschrotet:** Von oben nach unten sind dargestellt Weizenmehl Type 405, Type 550, Type 1050, Type 1700 sowie feiner Weizenschrot. Die beiden ersten Mehltypen entsprechen den italienischen Typen 00 beziehungsweise 0; Vollkornmehl trägt in Italien die Bezeichnung »farina integrale«.

# Gewürze bestimmen den Geschmack

## Weitere Zutaten zum Brotbacken

Aber nicht nur nach dem verwendeten Mehl unterscheidet man in Italien die Brotsorten, sondern auch nach den Zutaten, die außer Mehl, Wasser, Salz und Hefe in den Teig kommen. »Pane di tipo speciale«, also Spezialbrot, nennt man solche Brote aus angereichertem Teig. Und in dieser Beziehung ist man in Italien rigoros: Selbst wenn lediglich Milch, Butter, Olivenöl oder Schweineschmalz zugesetzt wurde, spricht man bereits von »pane di tipo speciale«, doch gilt die Bezeichnung auch bei Zusätzen von Zucker oder Rosinen für süße Hefegebäcke. Darüber hinaus fällt auch Brot, dessen Teig besonders gewürzt wird, unter diese Rubrik.

## Gewürze und Kerne

»Pane condito« nennt man die vielen Gewürzbrot-Sorten, die es in Italien gibt. Jede Region bietet hier ihre eigenen traditionellen Rezepte. Aber nicht nur beim Brotbacken, sondern generell sind Gewürze aus der italienischen Küche nicht wegzudenken.

1 Grüne und rote Chilies (»peperoncini«, *Capsicum annuum)* sind in Italien als »Scharfmacher« für viele Speisen geschätzt, vor allem im Süden des Landes. Besonders die Kalabresen, bei denen getrocknete Chilies zum Teil in Restaurants neben Pfeffer und Salz zum Nachwürzen auf dem Tisch stehen, sind berüchtigt für ihren verschwenderischen Umgang mit den zum Teil höllisch scharfen Schoten.
Nicht umsonst heißt eine extrem scharfe Peperoncino-Sorte in den Abruzzen »diavulillo« oder »diavoletto«, Teufelchen, während die hier abgebildete, längliche Chilischote etwas milder ist und »a sigaretta« genannt wird. Selbst einfachen Gerichten, wie etwa einem Teller Pasta mit Knoblauch und Olivenöl, geben Peperoncini den besonderen Pfiff.
Pikant wird's auch mit »olio santo«, das übersetzt den kurios wirkenden Namen »Heiliges Öl« bekommt, denn dafür werden klein geschnittene Peperoncini mit bestem Olivenöl übergossen. Das Ganze muss einige Tage, zuweilen sogar Wochen ziehen; dann genügen aber auch schon wenige Tropfen, um Fleisch, Gemüse oder Salaten eine angenehme Schärfe zu verleihen.

2 Kreuzkümmel (»comino«, *Cuminum cyminum)* stammt aus dem Mittelmeerraum und besitzt einen sehr charakteristischen, bitter-scharfen Geschmack.

3&4 Bei den beiden hier aufgeführten »Würzmitteln« handelt es sich um die Kerne von Sonnenblumen (»girasole«, *Helianthus annuus*) und Kürbissen (»zucche«, *Cucurbita maxima*). Ihr nussiger Geschmack passt vorzüglich zu Backwaren, und deshalb werden sie gern zum Bestreuen von Brot und Brötchen verwendet. Sie sind aber auch als Knabberei beliebt, die gut schmeckt und überdies gesund ist.

5 Mit Sesamsamen wird Backwerk unterschiedlichster Art bestreut: vor allem Brot, aber auch Knabbergebäck oder Plätzchen. Sie sind schwarz und ungeschält ...

6 ... manchmal auch hell und ungeschält.

7 Der aromatische, leicht scharfe Schwarzkümmel (»nigella«, *Nigella sativa*) dient im Mittelmeerraum zum Bestreuen von Fladenbroten aus Weizenmehl.

8 Sesamsamen sind weiß, wenn sie geschält werden.

9 Ein apartes Gewürz, hergestellt aus den getrockneten jungen Blattspitzen einer Steinkleeart, ist Zigerklee, eine alpine Spezialität, die auch in der Schweiz und in Österreich zum Würzen von Broten und Käse verwendet wird.

1

2

10 Das Öl, das aus Kardamomkapseln (»cardamomo«, *Elettaria cardamomum*) gewonnen wird, dient heutzutage in Italien hauptsächlich zum Aromatisieren von Likören und Konfekt. Im Mittelalter waren dagegen auch die zu Pulver zerstoßenen Kapseln gängig, vor allem in Venedig, aber auch in Pisa und Genua. Aus alter Tradition wird in Siena Kardamom heute noch zum Aromatisieren des berühmten Panforte verwendet, eines scheibenförmigen Gebäcks, das vor allem aus Zucker, Mandeln, Nüssen und kandierten Früchten besteht.

11 Bockshornkleesamen (»fieno greco«, *Trigonella foenum-graecum*) werden vor Gebrauch meist geröstet, da sie roh unangenehm bitter sind. Als Brotgewürz, aber auch für Eintöpfe und Suppen.

12 Piment (»pimento«, *Pimenta dioica*), auch Nelkenpfeffer genannt, schmeckt ein wenig nach Nelken, Zimt und Muskat. Klassisch für Gewürzgebäck.

13 Mohnsamen (»papavero«, *Papaver somniferum*) werden – vielleicht beeinflusst durch die benachbarten Küchen der k. u. k. Monarchie, in denen Gebäck und Süßspeisen mit Mohn beliebt sind – in Venetien beispielsweise für Brot und Knabbergebäck verwendet.

14 Anissamen (»anice«, *Pimpinella anisum*) werden in Italien gern zum Backen verwendet – »anicini«, eine kleine würzige Plätzchensorte, heißen sogar nach ihrem »Hauptgewürz« –, aber auch für Konfekt, getrocknete Feigen und sogar eingelegte Oliven.

15 Ganz ähnlich im Geschmack sind Fenchelsamen (»finocchio«, *Foeniculum vulgare*), die besonders in der Toskana – von dort stammt die »finocchiana«, eine mit Fenchel aromatisierte Wurst – und im Süden viel verwendet werden. Das Aromatisieren mit Fenchel ist auch typisch für »taralli«, ein pikantes Hefegebäck, das man in Kampanien, Apulien und Kalabrien oft anstelle von Brot zu Antipasti reicht.

16 Koriandersamen (»coriandolo«, *Coriandrum sativum*) mit ihrem charakteristischen, an Orangen erinnernden Geschmack würzen Backwerk, werden aber auch zum Aromatisieren von Wurst, etwa von Mortadella, verwendet.

17 Leinsamen (»semi di lino«, *Linum usitatissimum*) kommen in Italien in eine Brotsorte, die mit einer Mischung aus Roggen- und Weizenmehl gebacken wird. Der Leinsamen wird vor der Verwendung speziell behandelt, wobei er einen nussartigen Geschmack entwickelt.

18 Kümmelsamen (»comino tedesco«, *Carum carvi*) finden nur im Nordosten Italiens, in Südtirol, Friaul und Venetien, Verwendung – hauptsächlich für Brot, Kartoffel- und Krautgerichte sowie für Fleischeintöpfe und Würste.

# Grundteig

## für italienisches Brot und Pizza

### Brote aus Hefeteig

Ein Hefeteig wie der hier beschriebene eignet sich überwiegend für Fladenbrote oder für Pizze, da er hierfür nicht so weit aufgehen muss. Für die Zubereitung der meisten anderen italienischen Brote aus Hefeteig braucht man allerdings schon ein wenig mehr Zeit. Der Teig für Ciabatta beispielsweise muss nahezu einen halben Tag lang gehen, und auch das salzlose Weißbrot »pane sciocco« aus der Toskana braucht einige Stunden.

### Hefeteig zubereiten

In Italien verwendet man für Backwerk, vom Brotlaib über Grissini bis hin zur Pizza, überwiegend Teige aus hellem Weizenmehl, und das dafür gebräuchlichste Triebmittel ist »lievito (di birra)«: aus Bierhefe gewonnene Backhefe. Teige mit Hefe sind nicht sonderlich schwierig in der Zubereitung, doch sollte man darauf achten, dass alle Zutaten Zimmertemperatur haben und dass das Wasser 40 bis 45 °C warm ist. So erreicht der Teig eine Temperatur, bei der sich die Hefe optimal vermehren kann.

Backhefe kommt hierzulande frisch, in Würfel von 42 g gepresst, oder als Trockenhefe, in Tütchen mit 7 g Inhalt verpackt, in den Handel, wobei ein Tütchen Trockenhefe 25 g frischer Hefe entspricht.

Der wichtigste Unterschied: Frische Hefe wird normalerweise in warmer Flüssigkeit mit etwas Zucker oder Mehl aufgelöst und muss kurz gehen, während man Trockenhefe gleich mit den restlichen Zutaten mischen kann. Das Ansetzen eines Vorteigs kann jedoch auch bei frischer Hefe entfallen – die Bildfolge rechts zeigt, wie das geht.

**Einfacher Hefeteig ohne Vorteig:**

1 300 g Weizenmehl Type 550 – das entspricht dem italienischen Typ »0« – und 1/2 TL Salz mischen. 1/2 Würfel, also 20 g, frische Hefe zerbröckeln und in 150 ml lauwarmem Wasser auflösen.

2 2 EL Pflanzenöl – für Pizzateige empfiehlt es sich, zu Olivenöl zu greifen, das dem Teig zusätzlich Geschmack gibt – unter die Hefelösung mischen und die Flüssigkeit zu dem Mehl-Salz-Gemisch gießen.

3 Die Hefe-Öl-Mischung zunächst mit einem Rührlöffel in der Schüssel nach und nach mit immer mehr Mehl verrühren, bis der Teig fester zu werden beginnt.

4 Mit einem Teigschaber den Teig aus der Schüssel nehmen und auf eine bemehlte Arbeitsfläche geben. Anschließend den Teig mit den Händen weiterbearbeiten.

5 Mindestens 5 Minuten mit den Händen durchkneten, dabei den Teig ruhig mehrmals kräftig auf die Arbeitsfläche schlagen, bis er glatt und elastisch ist.

6 Den Teig zu einer Kugel formen und diese in eine Schüssel legen. Mit etwas Mehl bestauben und mit einem sauberen Tuch abdecken.

7 An einem warmen Ort 30 Minuten gehen lassen, bis der Teig sein Volumen verdoppelt hat. Vor der weiteren Verarbeitung dem jeweiligen Rezept entsprechend erneut kräftig durchkneten.

1

2

3

4

5

6

7

# Crescentine

»Crescentine«, Halbmonde, heißen in der Emilia-Romagna kleine Brote, die – frisch zubereitet und noch warm – gerne zu Antipasti gereicht werden. Crescentine bestechen vor allem durch ihre für ein Brot ungewöhnliche Zubereitung: Der Teig wird nämlich in kleinen Portionen frittiert, worauf auch der zweite Name »gnocco fritto« anspielt. Die einfachste Teigvariante sieht als Zutaten lediglich Mehl, Wasser, Hefe und Salz sowie Öl zum Ausbacken vor. Das Rezept unten, in dem Milch und Butter verwendet wird, ist also schon ein wenig gehaltvoller.

Darüber hinaus kann man in den Teig fein gehackte Kräuter einarbeiten, für eine weitere üppigere Variante werden feine Speckwürfel in den Teig geknetet. Crescentine verzehrt man übrigens, täglich frisch zubereitet, in manchen Gegenden der Emilia-Romagna heute noch als herzhaftes Frühstück, das traditionell nach den ersten Arbeiten des Tages eingenommen wird.

**Crescentine zubereiten:**

Wer Crescentine selbst einmal ausprobieren möchte: 500 g Weizenmehl Type 405 auf eine Arbeitsfläche sieben und eine Mulde in die Mitte drücken. Auf den Mehlrand ein wenig Salz streuen. 30 g frische Hefe in ½ l Milch auflösen und in die Mulde gießen. Mit immer mehr Mehl vom Rand verrühren, bis der Teig fester wird. 25 g weiche Butter in Stückchen unterarbeiten und den Teig kneten, bis er glatt und elastisch ist.

In eine Schüssel legen und zugedeckt an einen warmen Ort stellen, bis sich das Teigvolumen verdoppelt hat. Weiter wie in der Bildfolge rechts beschrieben. Frisch und noch warm servieren.

1 Den Teig zu einer Platte von 3 bis 4 mm Stärke ausrollen.

2 Wahre Könner schleudern den Teig dabei durch die Luft.

3 Den Teig in etwa 4 cm große Rauten schneiden, währenddessen Pflanzenöl in einer Pfanne oder Fritteuse auf 180 °C erhitzen.

4 Die Teigrauten darin unter Wenden 3 bis 4 Minuten goldgelb ausbacken. Herausnehmen, auf Küchenpapier abtropfen lassen und noch warm servieren.

# Sauerteig

Mit Sauerteig, italienisch »lievito di pane« oder »crescente«, lockert man Brot ohne weitere Zusätze: Im Mehl vorhandene Bakterien und Hefen beginnen »spontan« mit der Gärung, sobald dem Mehl Wasser zugesetzt und der Ansatz an einen warmen Ort gestellt wird. Ideal ist es, wenn der Teig möglichst konstant eine Temperatur von 25 °C behält; das Wasser, das man zugibt, sollte deshalb eine Temperatur von 40 bis 45 °C haben. Doch auch bei strikter Beachtung aller Regeln kann ein selbst angesetzter Sauerteig schon mal misslingen; zu erkennen ist das an einem starken Essiggeruch. Dieses Risiko umgeht man mit dem unten in der Bildfolge vorgestellten Sauerteig, der mit Hefe angesetzt wird. Während der Gärphase sollte man den Ansatz mit Frischhaltefolie abdecken; so werden Feuchtigkeit und Temperatur besser gehalten. Sauerteig wird überwiegend mit Roggenmehl angesetzt und in Italien – wie hierzulande auch – meist für reine Roggenbrote verwendet, etwa für die herzhaften, würzigen Vintschgauer Fladen aus Südtirol.

**Roggen-Sauerteig mit Hefe:**

1 Zunächst 15 g Hefe unter Rühren in ¼ l Wasser auflösen. Das Wasser muss 40 bis 45 °C warm sein.

2 Die aufgelöste Hefe mit einem Rührlöffel nach und nach unter 125 g Roggenmehl Type 1150 mischen.

3 Den Ansatz glatt rühren, mit Frischhaltefolie und einem Tuch abdecken und für 24 Stunden an einen warmen Ort stellen.

4 125 g Roggenmehl und ⅛ l Wasser unterrühren. Zugedeckt für 3 Tage an einen warmen Ort stellen, bis der Teig Blasen wirft.

# Kräuter – frisch und würzig

Damit Kräuter ihr Aroma bis zur Verwendung behalten, sollte man sie sachgemäß ernten. Wichtig ist etwa, immer ganze Triebe oder Triebspitzen abzuschneiden und nicht nur einzelne Blätter. Dies kann geschehen, sobald der Morgentau verdunstet ist und sich die Blüten geöffnet haben. Wer Kräuter kurzfristig aufbewahren will, verschließt sie entweder in einer luftdichten Kunststoffdose oder packt sie, mit Wasser besprüht, locker in einen Plastikbeutel – dabei sollten die Blätter nicht zerdrückt werden. Über einen längeren Zeitraum hinweg behalten Kräuter ihr Aroma am besten tiefgekühlt.

## Basilikum

Das königliche, aus Vorderindien stammende Kraut mit dem unglaublich intensiven Aroma ist etwa seit dem 12. Jahrhundert in Italien bekannt und hat sich dort einen festen Platz in der Küche erobert. Ja, wenn Tomaten das Rot der italienischen Flagge symbolisieren, Mozzarella das Weiß, dann steht Basilikum für das Grün – eine Kombination von Zutaten, wie sie nicht nur im »insalata caprese« ideal aufeinander treffen.

Basilikum *(Ocimum basilicum)*, italienisch »basilico«, gibt es in vielen verschiedenen Sorten, am bekanntesten ist jedoch die oben rechts abgebildete großblättrige Art. Auch rotes und grünes Buschbasilikum, rechts im Bild, sind häufig anzutreffen. Basilikum entfaltet seinen verführerischen, appetitanregenden Duft und Geschmack vor allem frisch und wird in erster Linie auch so verwendet; das im Handel befindliche getrocknete Kraut ist geschmacklich kein Ersatz. Eine Möglichkeit, Basilikum zu konservieren, ist allenfalls das Einlegen trockener, ungewaschener Blätter in Olivenöl. Ansonsten kauft man jedoch am besten Topfware. So können die kälteempfindlichen Pflanzen – auch im Winter – mindestens einige Tage oder Wochen im Zimmer gehalten werden. Weil beim Kochen oder Braten das Aroma der zarten Blätter enorm leidet, fügt man Basilikum in aller Regel erst am Ende des Garprozesses zu. Basilikum würzt vieles, etwa Pastasaucen oder auch Pizzen, unschlagbar ist es vor allem in Kombination mit Knoblauch, wie beim berühmten Pesto, mit Tomaten oder mit beidem. Aber auch in Salaten macht sich das aromatische Kraut hervorragend.

1 **Oregano in voller Blüte** – jetzt ist der richtige Zeitpunkt für die Ernte gekommen. Man verwendet ihn sowohl frisch als auch getrocknet.

## Oregano

Das Kraut mit den eiförmigen Blättern hat einen ausgeprägten Geruch, schmeckt aromatisch-würzig und etwas scharf und gehört untrennbar zur Küche des Mittelmeerraumes. In Südeuropa beheimatet, wächst der Oregano *(Origanum vulgare)*, italienisch »origano«, in allen trockenen und war-

2 **Grünes Buschbasilikum.** Diese kleinblättrige, dekorative Sorte hat ein gutes, kräftiges Aroma.

3 **Rotes Buschbasilikum,** blühend. Interessante, rotblättrige Varietät mit kompaktem Wuchs.

men Lagen wild, er wird in Italien jedoch auch kultiviert. Oregano ist bekanntlich das Kraut für Pizza, was wohl der Grund für seine Popularität außerhalb Italiens ist – dort fügt man Oregano nur relativ wenigen Gerichten bei. Sein Aroma passt zu gebratenem oder gegrilltem Kalb- oder Schweinefleisch, er gehört aber auch in die »pizzaiola«, eine Sauce, vornehmlich aus Tomaten, Knoblauch und Oregano, die zu Fisch und gebratenem Fleisch serviert wird. Er lässt sich sehr gut trocknen, sein Aroma wird dadurch noch intensiver.

## Knoblauch

Botanisch zählt Knoblauch *(Allium sativum)*, italienisch »aglio«, zu den Liliengewächsen, kulinarisch zu den wichtigsten Aromen der italienischen Küchen. Ihm begegnet man auf Schritt und Tritt. Zwar gehört er nicht in gerade jedes Gericht, aber doch in viele. Roh verzehrt, schmeckt er am stärksten – eine so genannte »Knoblauchfahne« ist unweigerlich die Folge. Angeblich schaffen hier ein Glas Milch oder Rotwein Abhilfe. Manche schwören auch auf das Essen von ganzen Nelkenköpfen. Weniger aufdringlich ist sein Aroma, reibt man etwa eine Salatschüssel mit einer halbierten Knoblauchzehe aus. Knoblauch gilt als sehr gesund, da er neben schwefelhaltigem ätherischem Öl die Vitamine A, B und C sowie antibakteriell wirkende Stoffe enthält. Zudem stärkt Knoblauch die Herzkranzgefäße, senkt die Blutfettwerte und hat eine entgiftende Wirkung.

4

4 **Knoblauch, frisch:** Junger, frischer Knoblauch ist zarter und milder im Geschmack als getrockneter.

5

5 **Knoblauch, getrocknet:** So bekommen wir ihn normalerweise in den Supermärkten.

## Knoblauch verarbeiten

Knoblauch wird meist geschält, der Keim braucht nur bei älteren Exemplaren entfernt zu werden. Je nach gewünschter Geschmacksintensität verarbeitet man ihn dann weiter. Am stärksten schmeckt er fein gehackt und roh oder nur kurz angeschwitzt. Durch längere Garzeiten wird er milder. Allerdings darf er nicht zu dunkel bräunen, da er sonst einen unangenehmen Geschmack entwickelt.

Hat man sehr viele Zehen zu verarbeiten, drückt man sie am einfachsten mit der breiten Messerklinge flach. Oder man benutzt eine Knoblauchpresse – allerdings ist das außer für Salat nicht immer die beste Methode, da der Knoblauch dabei so fein zerquetscht wird, dass er beim Anbraten zu verbrennen droht.

# Tomaten

Kaum eine andere Gemüsesorte ist so eng mit der Vorstellung von italienischer Küche verbunden wie die Tomate *(Lycopersicon esculentum)*. Umso erstaunlicher, dass ihre Karriere in Europa noch nicht allzu lange andauert. Die ersten Kulturformen der von den Azteken »tomatl« genannten Frucht stammen vermutlich aus Zentralamerika; von dort kamen sie mit den spanischen Eroberern nach Europa. Zwar erwähnten italienische Kochbücher »pomo d'oro«, den Goldapfel, bereits im 16. Jahrhundert, doch waren die ersten Zubereitungsarten noch wenig abwechslungsreich – so wurde empfohlen, die Früchte zu salzen, zu pfeffern und in Öl zu braten. Allgemein begegnete man der für giftig gehaltenen Frucht eher mit Skepsis und baute sie, wenn überhaupt, als Zierpflanze an. Diese Einstellung änderte sich auch in Italien erst 200 Jahre später.

## Der Anbau

Seither sind Tomaten, die inzwischen auch hierzulande seit Jahren unangefochten die Spitzenposition unter den beliebtesten Gemüsesorten einnehmen, in den unterschiedlichsten Sorten, Formen und Farben gezüchtet worden. Italien ist inzwischen eines der bedeutendsten europäischen Anbauländer für Freilandtomaten. In großem Stil gewerbsmäßig kultiviert werden die heiß begehrten Früchte in der Emilia-Romagna, vor allem in der Gegend um Parma, sowie in Kampanien und Sizilien, doch sind darüber hinaus viele Italiener Selbstversorger in Sachen Tomaten und bauen sie auf dem eigenen Grund und Boden an.

## Die Vielfalt der Sorten

Wenn es um die Verwendung von Tomaten in der Küche geht, wissen die italienischen Köchinnen und Köche sehr genau, was sie wollen. Denn nicht jede Sorte ist für alle Verwendungszwecke gleich gut geeignet, zudem gibt es auch noch regionale Vorlieben. Wählt man in Süditalien beispielsweise vollreife, süße Früchte nicht nur für Saucen, sondern auch für Salate, zieht man im Norden hierfür nicht ganz ausgereifte Exemplare vor, die noch grüne Stellen aufweisen können. Typischerweise werden für solche Salate stark gerippte, aromatische und festfleischige Sorten, wie etwa »cuore di bue«, verwendet.

## Jede Sorte hat eigene Qualitäten

Unreife Tomaten enthalten einen recht hohen Säureanteil, so dass für einen Salat aus solchen Früchten etwas Olivenöl, Salz und Pfeffer als Dressing genügen. Möchte man dagegen aus Tomaten eine Sauce zubereiten, müssen es hocharomatische, ausgereifte Früchte sein, sonst bringt der »sugo« ein Übermaß an Säure mit, die sich auch mit Zuckerzugaben nicht kaschieren lässt.

Was die Sorte angeht, so greift man für Saucen am besten zu den länglichen Flaschentomaten – auch Eiertomaten genannt – etwa von den Sorten Roma, Napoli oder, am allerbesten, San Marzano: Sie bringen das gewünschte Aroma mit und besitzen darüber hinaus im Verhältnis zum Fruchtfleisch recht wenig von der Flüssigkeit im Innern der Frucht, welche die Samen umgibt. Den gleichen Vorteil bieten übrigens auch »pomodorini«, die kleinen runden Tomaten, die man in Süditalien besonders schätzt.

Ist man sich nicht ganz sicher, ob hierzulande auf dem Markt oder im Supermarkt angebotene Tomaten den Anforderungen genügen, sollte man für Saucen im Zweifelsfall auf konservierte Früchte ausweichen.

**Tomaten und frisches Basilikum** – beide sonnenverwöhnt – sind an Aroma kaum zu übertreffen. Sie gehören in viele italienische Gerichte, schmecken aber frisch mit Käse, als mediterraner Salat, ganz besonders gut.

## Glas, Dose oder Tube?

Da man in Italien außerhalb der Saison nur ungern auf Tomaten verzichtet, hat man schon bald verschiedene Methoden entwickelt, die prallen roten Früchte haltbar zu machen. Die zwei Verfahren sind: Einkochen und Trocknen. Noch heute legen sich viele süditalienische Hausfrauen für den Winter einen Vorrat an eingemachten Tomaten an: Geschälte Flaschentomaten werden, oft gleich gewürzt und mit Basilikum aromatisiert, dicht an dicht in Gläser geschichtet und eingekocht.

Kommerziell werden nach ähnlichem Prinzip »pelati« in Dosen hergestellt – ganze, geschälte Früchte, erhitzt im eigenen Saft. In Dosen, aber auch in Päckchen kommt »polpo di pomodoro«, gewürfeltes Tomatenfruchtfleisch, in den Handel. Wird dieses überdies passiert, erhält man »passato di pomodoro«, eine dickflüssige, homogene Sauce.

## Getrocknete Tomaten

Konzentrierte Würze erhalten Tomaten durchs Trocknen. Für »pomodori secchi« werden halbierte oder geviertelte, gesalzene Flaschentomaten an der Sonne getrocknet, bis sie alle Flüssigkeit verloren haben und dadurch extrem lange haltbar sind. Sie werden in Öl eingelegt als Antipasto serviert, oder man aromatisiert Saucen damit. Trocknet man Tomatenpüree, erhält man »concentrato di pomodoro«, Tomatenmark, das, einfach, doppelt oder dreifach konzentriert, in kleinen Dosen oder Tuben im Handel ist.

1 Runde Tomatensorten sind saftig und bergen eine Vielzahl von Kernen im Inneren, weshalb sie sich zum Kochen weniger gut eignen und eher roh verzehrt werden. Inzwischen werden sie vielfach als Strauchtomaten verkauft.

2 Flaschentomaten sind ideal für Saucen. Die hier abgebildete Sorte »San Marzano«, die nach einem Ort in der Nähe von Neapel benannt ist, wird überwiegend für die Herstellung von »pomodori pelati«, also für Dosentomaten, verwendet.

3 Gelbe, pflaumenförmige Cocktailtomaten sind hierzulande im Vergleich zu ihren kleinen, roten Verwandten noch eher selten zu finden. Italien ist eines der Hauptanbaugebiete dieser aromatischen Sorten.

4 »Pomodorini«, Tomätchen, heißen in Italien diese kleinen, dickschaligen Tomaten. Sie werden als Wintervorrat an den Stängeln zusammengebunden und in ganzen Trauben an schattigen Orten luftig aufgehängt.

5 »Cuore di bue«, Ochsenherz, heißt diese stark gerippte Fleischtomate in Italien. Im Norden wird sie gern nicht ganz reif oder sogar noch grün für Salate verwendet.

# Oliven, Olivenöl und Kapern

## Oliven

Die Früchte des Ölbaumes, *Olea europaea*, einer der ältesten Kulturpflanzen des Mittelmeerraumes, werden überwiegend zur Ölgewinnung genutzt, doch kommt auch ein nicht unerheblicher Teil der Ernte als Speiseoliven in den Handel. Bis zu 20 verschiedene Sorten werden an gut sortierten Ständen angeboten. Speiseoliven sind meist größer, fleischiger und weniger fetthaltig als jene für die Ölherstellung.

## Die Früchte

Oliven sind roh ungenießbar und können nicht frisch verzehrt werden. Bevor Oliven also als Antipasto auf den Tisch kommen oder diversen Gerichten der italienischen und insbesondere der sizilianischen Küche Würze und Geschmack verleihen, ist erst einmal eine Spezialbehandlung erforderlich. Zunächst werden die Steinfrüchte (schwarze sind reifer als grüne) in eine alkalische Kochsalzlösung (Natronlauge) eingelegt, um ihnen die Bitterstoffe zu nehmen. Dann kommen sie in eine Salzlake, um sie zu konservieren.

## Die Klassifizierung des Öls

Ohne das Aroma des Olivenöls wäre die »cucina italiana« nicht denkbar, prägt es doch den Charakter vieler Gerichte ganz entscheidend. Aber Olivenöl ist nicht gleich Olivenöl! Handelsüblich ist seit 1991 die EU-Bezeichnung »natives Olivenöl extra« – italienisch »extra vergine« –, welche die beste Ölqualität klassifiziert. Um sie zu erreichen, darf das Olivenöl nicht mehr als 1 Prozent Fettsäure enthalten und muss durch kalte Pressung ohne jede chemischen Zusätze aus einwandfreien Oliven gewonnen werden.

»Natives Olivenöl« muss naturbelassen sein und darf maximal 2 Prozent Ölsäure enthalten. Steht nur die Bezeichnung »Olivenöl« auf dem Etikett, so handelt es sich in der Regel um eine Mischung aus raffiniertem und nativem Öl. Für »Italienisch kochen« kommt freilich nur das Beste in Frage, natives Olivenöl extra.

## Kapern

Bei den kleinen, dunkel- bis olivgrünen »Früchtchen« handelt es sich um die eingelegten Blütenknospen des Kapernstrauches, *Capparis spinosa,* der fast im gesamten Mittelmeerraum an warmen Felswänden oder Mauern gedeiht. Die langstieligen Knospen sitzen in den Achseln der Blätter und müssen in mühevoller Handarbeit einzeln geerntet werden. Das muss geschehen, bevor sie aufplatzen, denn in der Küche finden nur die fest geschlossenen Knospen Verwendung. Die aufgeblühten Knospen bilden dekorative, prächtige weiß-rosa Blüten mit einem schweren Duft, die in der Küche hingegen keinen Platz haben.

Nach der Ernte lässt man die noch geschlossenen Knospen über Nacht welken. Erst dadurch erhalten sie ihr charakteristisches Aroma. In einem biochemischen Prozess (Myrosinase) wird Glucocapparin in Glucose und Methylsenföl aufgespalten, das mit seinem spezifischen Geruch und der angenehmen Schärfe für den Geschmack der Kapern verantwortlich ist.

**Kapernernte auf Salina**, einer der Liparischen Inseln vor der Nordküste Siziliens. Vom Frühjahr bis zur Zeit der Sommersonnenwende werden die geschlossenen Blütenknospen des Kapernstrauches jeden Morgen von Hand Knospe für Knospe abgezupft – aber nur, wenn sie die richtige Größe erreicht haben. Gute Kapernqualitäten sind handverlesen, das heißt, geöffnete Exemplare und zu große Knospen werden aussortiert.

## Die Konservierung der Kapern

Je nach Konservierungsmethode ändert sich das Aroma der »capperi« allerdings: So schmecken etwa in Essig eingelegte Kapern, wie sie hierzulande überwiegend angeboten werden, reichlich sauer und sind damit für das »Italienisch kochen« gänzlich ungeeignet. Sie würden den Geschmack vieler Gerichte völlig verfälschen.

Man sollte daher die Mühe nicht scheuen und in Salz eingelegte Kapern erstehen – es gibt sie in Feinkostgeschäften oder in Läden mit italienischen Lebensmitteln. Am begehrtesten sind die kleinen Knospen, da sie besonders viel Geschmack haben und sehr zart sind. Von eingesalzenen Kapern muss man vor dem Gebrauch entweder das Salz gründlich abschütteln, oder man wässert sie 10 bis 15 Minuten und wechselt dabei mehrmals das Wasser – sonst sind sie zu salzig.

Als Würzmittel finden Kapern in der italienischen Küche häufige Verwendung; sie passen gut zu Fisch oder zu Kalbfleisch, man denke nur an »vitello tonnato«. Kapern sind aber auch eine wichtige Zutat für diverse Pasta-Saucen oder für Salate. In Essig oder Salz eingelegt, halten sie im Kühlschrank sehr lange.

Die Qualität der Letzteren kann man übrigens an der Farbe des Salzes überprüfen: Ist es reinweiß, sind die Kapern einwandfrei, hat das Salz eine eher gelbliche Farbe angenommen, sind die Kapern schon etwas älter und sollten durch neue ersetzt werden.

## Kapernfrüchte

Die im Süden ebenfalls sehr geschätzten »capperone« sind tatsächlich Kapernfrüchte. Sie entwickeln sich aus den Blüten des Kapernstrauches und kommen in Essig oder Öl eingelegt auf den Markt. Serviert werden können sie als Antipasto – wie eingelegte Oliven oder mit diesen.

**Kapernknospen** werden in Italien meist in Salz eingelegt, in Essig wären sie als Bestandteil vieler Gerichte schlicht zu sauer.

# Käse – Formaggi

## Parmigiano reggiano

Echter Parmigiano, dessen Inneres strohgelb und in dessen Rinde der Name Parmigiano reggiano ringsum eingestichelt ist, wird vom Laib verkauft. Fein gerieben oder in dünne Späne gehobelt wird er erst dann, wenn man ihn braucht – denn nur so behält er sein ganzes Aroma.

Der Name ist eine geschützte Ursprungsbezeichnung, ihn dürfen nur Käse tragen, die unter bestimmten Bedingungen hergestellt wurden und aus einem genau begrenzten Gebiet zwischen den Städten Parma, Mantua, Reggio Emilia und Bologna stammen. Über die Qualität der Produkte wacht ein Konsortium zum Schutz des Parmigiano reggiano, das bereits 1927 gegründet wurde. Fachleute überprüfen jeden gereiften Laib Parmigiano, wozu auch eine »Hörprobe« zählt: Der Käse wird mit einem Hämmerchen abgeklopft und darf dabei nicht dumpf klingen – das wäre ein Hinweis auf unerwünschte Gärprozesse. Nur einwandfreie Produkte erhalten das Brandzeichen.

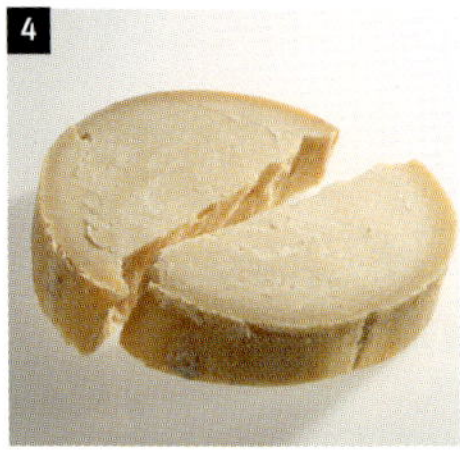

1 Parmigano reggiano
2 Pecorino canestrato
3 Gereifter Provolone
4 Provolone piccante

## Pecorino – Käse aus Schafmilch

Nicht immer wird ein Pecorino aus reiner Schafmilch hergestellt; bei manchen Sorten setzt man auch geringere Anteile Ziegen- oder Kuhmilch zu. Auch werden unterschiedliche Labsorten verwendet, um die Milch stocken zu lassen. Mal nimmt man Kälber-, mal Lämmer-, mal Zickleinlab, und bei manchen Sorten, vor allem solchen aus Latium und Sardinien, sogar einen Extrakt aus Artischockenblüten. Solche Schafkäse heißen »caciofiore«.

## Caciocavallo

Dieser aus dem Süden Italiens stammende Kuhmilchkäse mit einem Fettgehalt von 45 bis 48 % Fett i. Tr. ist von Kampanien bis nach Sizilien recht beliebt. Als Tafelkäse wird er jung gegessen, mit einer Reifezeit von nur 2 bis 3 Monaten. Nach 6 bis 10 Monaten Reife schätzt man ihn, wie auch den Provolone piccante, als würzigen Reibekäse. Seine Form ist rundlich bis spindelförmig, und er hat eine dünne, goldgelbe Rinde. Innen ist er von weißer bis gelblicher Farbe. In den Handel kommt Caciocavallo paarweise, mit einer Schnur zusammengebunden.

## Provolone

Vom Geschmack her unterscheidet man zwischen dem milden »provolone dolce«, der als Tafelkäse verzehrt wird, und dem wesentlich würzigeren »provolone piccante«. Provolone wird aus Kuhmilch hergestellt und weist einen Fettgehalt von mindestens 44 % Fett i. Tr. auf. Seine Form kann sehr unterschiedlich ausfallen. Bekannt ist der klassische Kegelstumpf, 35 bis 45 cm lang und 4 bis 6 kg schwer. Sind die Laibe zylindrisch und schwerer als 6 kg – sie können im Extremfall sogar weit über 50 kg wiegen –, nennen die Italiener sie »giganti«. Provolone in Kugelform nennt man »mandarini« oder »meloni«. Bekannt sind daneben vor allem auch die kleineren, birnenförmigen Provoloni mit abgebundenem »Kopf«, geräuchert und ungeräuchert.

## Mozzarella

Einer der bekanntesten Filata-Käse in Italien, wenn nicht der berühmteste überhaupt, ist Mozzarella. Ein Frischkäse, dessen Name sich von »mozzare« – abschneiden, abschlagen – ableiten lässt. Damit ist das Abtrennen kleinerer Stücke von der gebrühten Käsemasse gemeint, aus der dann die typischen Mozzarella-Kugeln unterschiedlicher Größe geformt werden. Ursprünglich ausschließlich aus Büffelmilch hergestellt, war Mozzarella auch nur dort erhältlich, wo Büffelzucht betrieben wurde, also im südlichen Latium, in Kampanien sowie im Molise.

Noch immer gibt es dort Büffelherden, doch reicht ihre Milch bei weitem nicht mehr aus, um die steigende Nachfrage nach »mozzarella di bufala« zu befriedigen. Und das, obwohl Mozzarella aus Büffelmilch um einiges teurer ist als jener aus Kuhmilch. Aber man bezahlt den Mehrpreis gerne, denn nur der echte Büffelmozzarella hat den geschätzten, angenehm frischen, leicht süßlichen und feinwürzigen Geschmack. Im direkten Vergleich dazu muss ein Mozzarella aus Kuhmilch, auch »fior di latte« genannt, natürlich unterliegen, da er einfach weniger aromatisch ist, doch gibt es auch hier selbstverständlich große Unterschiede.

## Fontina

Den Namen Fontina darf in Italien nur ein im Aostatal hergestellter Rohmilchkäse tragen. Er hat ein würziges, angenehm mildes Aroma und eignet sich gut zum Kochen, da er sehr leicht schmilzt.

## Bel Paese

Zu den berühmtesten Käsesorten Italiens zählt ebenfalls der Bel Paese, übersetzt »schönes Land«, der seinen unverwechselbaren Charakter dem weichen, elastischen und strohfarbenen Teig verdankt. Er wird in flachen 2-kg-Laiben und mit einem Fettgehalt von 50 % i. Tr. hergestellt. Sein Geschmack ist zart und leicht säuerlich. Den poetischen Namen ließ der ursprüngliche Hersteller schützen, andere Käse dieser Gruppe sind unter der Bezeichnung »Italico« auf dem Markt.

## Ricotta

Genau genommen bedeutet Ricotta »noch einmal gekocht«. Und genau das ist das Prinzip bei der Ricotta-Herstellung. Denn aus der bei der Käseherstellung übrig gebliebenen Molke wird nun durch Erwärmen die Ricotta gewonnen, und zwar durch Ausfällen des in der Molke enthaltenen Eiweißes. Ricotta gibt es aus der Molke von Kuhmilch- und Schafmilchkäse.

Typisch für Ricotta di pecora, die Schafkäse-Ricotta aus dem Süden, ist der weißliche, feine und geschmeidige Teig. Ricotta di pecora kann man in drei weitere Typen unterteilen: »tipo dolce« ist weder gesalzen noch gereift, »tipo moliterno« ist etwas fester und gesalzen, während man den vor allem in Apulien bekannten »tipo forte« zudem einige Zeit in Holzbehältern reifen lässt.

Der Ricotta di vacca wird beim Herstellungsprozess meist noch Kuhmilch zugegeben. Diesen in Körbchen geformten Frischkäse kennt man vor allem im Norden.

**Mozzarella aus Kuhmilch** dient heute oft als Ersatz für die »bufala«, da die Nachfrage das Marktangebot derzeit weit übersteigt.

1 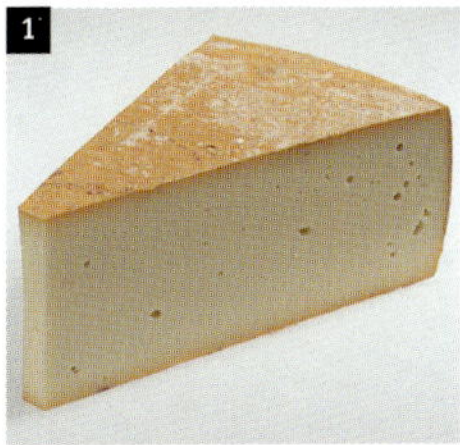

2 

3 

4 

5 

1 Fontina
2 Bel Paese
3 Ricotta di pecora
4 Ricotta di vacca
5 Ricotta salata

# Anisfladen

## Helles Gewürzbrot aus Südtirol

**Für den Teig:**
500 g Weizenmehl Type 550
20 g frische Hefe
¼ l lauwarmes Wasser
1 TL Salz

**Außerdem:**
1 Eigelb
gestoßene Anissamen
Fett und Mehl für das Blech

In so manchen Südtiroler Bauernhöfen und Almhütten wird das traditionelle Fladenbrot bis auf den heutigen Tag noch selbst gebacken – früher überwiegend mit Sauerteig (Vintschger, Seite 49). Doch mittlerweile wird es auch oft ungesäuert und mit Hefe als Triebmittel zubereitet. In jedem Fall dürfen Gewürze für ein herzhaftes Aroma nicht fehlen.

1 Das Mehl in eine Schüssel sieben, in die Mitte eine Mulde drücken. Die Hefe in dem Wasser auflösen, in die Mulde gießen und mit etwas Mehl vom Rand zu einem dickflüssigen Brei verrühren. Mit Mehl bestauben, zudecken und über Nacht an einem nicht zu warmen Ort gehen lassen.

2 Am nächsten Tag Salz und weitere 100 ml lauwarmes Wasser mit dem Ansatz zu einem glatten Teig verkneten. Mit Mehl bestauben und nochmals zugedeckt 2 Stunden gehen lassen.

3 Den Teig kurz durchkneten und halbieren. Daraus 2 Kugeln formen und auf einer bemehlten Arbeitsfläche zu Fladen von etwa 30 cm Durchmesser ausrollen. Erneut 20 bis 30 Minuten gehen lassen.

4 Die Fladen mit Eigelb bestreichen und mit Anis bestreuen. Auf ein gefettetes, leicht bemehltes Backblech legen und bei 200 °C im vorgeheizten Ofen etwa 20 Minuten backen.

**Anissamen** passen mit ihrem feinen Aroma geschmacklich gut zu den lockeren, hellen Hefefladen.

**Damit der Hefeteig für Anisfladen** so locker und grobporig wird, wie er sein soll, muss er mehrere Stunden gehen – im Prinzip genauso wie der für Baguette oder Ciabatta.

# Würziges Tomatenbrot

## mit Zwiebeln und Thymian

**Für die eingelegten Tomaten:**
120 g getrocknete Tomaten
2 Chilischoten
2 Knoblauchzehen
2 Thymianzweige
6 bis 8 Basilikumblätter
etwa 200 ml Olivenöl

**Für den Teig:**
675 g Weizenmehl Type 405
35 g frische Hefe
¼ l lauwarme Milch
125 g getrocknete Tomaten in Öl (siehe oben)
75 ml natives Olivenöl extra
1 Ei
8 g Salz
25 g Zucker
100 g Zwiebeln
1 EL Olivenöl
1 TL gehackte Thymianblättchen

**Außerdem:**
Mehl zum Bestauben
grob geschroteter weißer Pfeffer
grobes Salz

1 Zunächst die Tomaten einlegen. Dazu die getrockneten Tomaten in ein entsprechend großes Glas schichten. Die Chilischoten halbieren, Stielansätze, Samen und Scheidewände entfernen. Die Knoblauchzehen schälen und halbieren. Die Chilischoten, den Knoblauch, die Thymianzweige und das Basilikum auf die Tomaten legen. Mit Olivenöl begießen, bis alle Zutaten vollständig davon bedeckt sind. Zudecken und 3 Tage im Kühlschrank durchziehen lassen.

2 Das Mehl für das Brot in eine Schüssel sieben und eine Mulde in die Mitte drücken. Die Hefe hineinbröckeln, mit der lauwarmen Milch auflösen, etwas Mehl vom Rand untermischen. Den Ansatz mit Mehl bestauben, die Schüssel mit einem Tuch abdecken. An einen warmen, vor Zug geschützten Ort stellen und den Vorteig gehen lassen, bis die Oberfläche Risse zeigt; das dauert etwa 20 Minuten.

3 Die eingelegten Tomaten aus dem Öl nehmen und abtropfen lassen. 75 ml des gewürzten Öls abmessen, mit der gleichen Menge Olivenöl und dem Ei verrühren. Mit dem Salz und dem Zucker unter den Vorteig mischen. Alles gut miteinander verkneten, bis der Teig glatt und glänzend ist. Zu einer Kugel formen, in eine Schüssel legen, mit einem Tuch abdecken und etwa 40 Minuten gehen lassen, bis der Teig das Doppelte an Volumen erreicht hat.

4 Die Tomaten sehr klein würfeln. Die Zwiebeln schälen und fein hacken. In 1 EL Olivenöl glasig schwitzen, abkühlen lassen. Tomaten, Zwiebeln und Thymianblättchen unter den Teig kneten, diesen zugedeckt noch einmal 30 Minuten gehen lassen.

5 Aus dem Teig 2 Laibe formen, diese auf ein mit Mehl bestaubtes Blech legen und zugedeckt nochmals etwa 40 Minuten gehen lassen. Die Tomatenbrote mit etwas Wasser bestreichen, mit Pfeffer und Salz bestreuen. Im vorgeheizten Ofen bei 200 °C 35 bis 40 Minuten backen. Nach 20 bis 25 Minuten mit Backpapier abdecken, damit die Brote nicht zu dunkel werden. Die fertigen Laibe auf einem Gitter auskühlen lassen.

# Pizza Margherita

## Der Pizza-Klassiker

**Für 2 Stück Pizza**

**Für den Teig:**
300 g Weizenmehl Type 405
20 g frische Hefe
1/8 l lauwarmes Wasser
1/2 TL Salz
2 EL Olivenöl

**Für den Belag:**
1 große Dose geschälte Tomaten (850 g)
2 Kugeln Mozzarella
Salz
frisch gemahlener Pfeffer
20 Basilikumblätter
1/8 l Olivenöl

**Außerdem:**
Öl für die Backbleche

Mit ihren Zutaten in den Landesfarben ist diese einfache Pizza eine Art Grundrezept. Der Überlieferung nach wurde sie zu Ehren der Königin Margherita – der ersten Königin Italiens – kreiert. Und zwar, als diese am Hof von Capodimonte weilte und den Wunsch äußerte, einmal eine Pizza, die Spezialität Neapels, kosten zu wollen. Schnell wurde einer der berühmtesten Pizzabäcker seiner Zeit herbeigerufen, der daraufhin, ganz patriotisch, den pikant belegten Fladen in den Nationalfarben zubereitete.

1 Für den Teig das Mehl in eine Schüssel sieben und in die Mitte eine Mulde drücken. Die Hefe hineinbröckeln, mit dem lauwarmen Wasser auflösen und dabei etwas Mehl vom Rand mit untermischen. Den Ansatz mit Mehl bestauben. Die Schüssel mit einem sauberen Tuch abdecken und den Vorteig an einem warmen, zugfreien Ort gehen lassen, bis die Oberfläche Risse zeigt.

**Variante:** Für eine Pizza capricciosa verwendet man denselben Teig wie für die Margherita, belegt diesen dann aber zusätzlich zu den Tomaten mit Schinken, Champignons, Sardellenfilets und Artischockenherzen. Zuletzt kommen noch Mozzarella und Oliven darauf.

# Pizza Margherita

## Der Pizza-Klassiker

**2** Das Salz sowie das Öl zum Vorteig geben und alles zu einem glatten Teig verkneten. Diesen zu einer Kugel formen und den Teig erneut gehen lassen, bis er das Doppelte seines Volumens erreicht hat. Zwei Backbleche mit Öl einfetten.

**3** Den Teig erneut durchkneten, halbieren und auf einer bemehlten Arbeitsfläche zu Kugeln formen. Diese zu runden, dünnen Teigplatten ausrollen und auf die Backbleche legen. Die Teigböden mehrmals mit einer Gabel einstechen und jede Pizza belegen, wie in den ersten drei Steps der unten stehenden Bildfolge gezeigt. Das Öl darüber träufeln, wie im vierten Bild unten gezeigt. Jede Pizza bei 220 °C im vorgeheizten Ofen 18 bis 22 Minuten backen.

### Pizza Margherita belegen:

**1** Die Tomaten in einem Sieb abtropfen lassen, grob zerkleinern. Die Teigböden damit belegen, dabei einen Rand frei lassen.

**2** Den Mozzarella in Scheiben schneiden und diese gleichmäßig auf den Tomaten verteilen. Mit Salz und Pfeffer würzen.

**3** Die Basilikumblätter darüber legen; gehackt verteilt sich ihr Aroma zwar besser, doch sehen die ganzen Blätter einfach dekorativer aus.

**4** Nach 10 bis 15 Minuten das Olivenöl mit einem Löffel oder, noch besser, mit der typischen italienischen Ölkanne darüber träufeln.

**5** Nacheinander backen. Knuspriger Teig und saftig-weicher Belag – so muss die Pizza Margherita aus dem Ofen kommen.

# Sfincione

## Pizzavariante aus Sizilien

**Zur »cucina povera«,** also zur Küche der Bauern und Hirten, zählt dieser herzhafte Kuchen aus Sizilien – kommt er doch ohne teure Zutaten aus und ist dennoch ein komplettes, sättigendes und köstliches Essen.

**Für den Teig:**
500 g Weizenmehl Type 405
30 g frische Hefe
¼ l lauwarme Milch
1 Ei
½ TL Salz

**Belag für 4 Fladen:**
1 kg Tomaten
3 Knoblauchzehen
150 g Zwiebeln
1 TL Salz
4 EL Olivenöl
20 schwarze Oliven
200 g Caciocavallo oder Hartkäse
1 TL Oreganoblättchen

**Belag für 1 Blech:**
1 kg Tomaten
3 Knoblauchzehen
150 g Zwiebeln
1 TL Salz
4 EL Olivenöl
40 schwarze Oliven
250 g Caciocavallo oder Hartkäse
grob zerzupfte Minze- und Basilikumblättchen

**Außerdem:**
Olivenöl für die Formen oder das Blech

Sfincione ist die sizilianische »Schwester« der neapolitanischen Pizza. Ob nun beide, Pizza und »sfinciuni« – wie es im Dialekt heißt –, auf gemeinsame Wurzeln zurückgehen oder ob sich einer der herzhaften Kuchen auf den anderen zurückführen lässt, wird sich wohl nie entscheiden lassen. Jedenfalls streiten die Sizilianer energisch ab, dass Sfincione und Pizza identisch seien.

Darin mag man ihnen insofern zustimmen, als der Teig für die pikanten sizilianischen Fladen ganz anders sein muss als für eine Pizza: dick, weich und an der Unterseite sowie am Rand dennoch knusprig. Beim Belag ist, wie bei der Pizza auch, Improvisieren zulässig; so manche Sfincione wird schon mal mit Salamischeiben oder einer Hackfleisch-Tomaten-Sauce (»ragù«) belegt, oder zum Grundrezept kommen Sardellenfilets hinzu. Ein Muss ist allerdings der sizilianische Caciocavallo, ein Hartkäse, der in Herstellung und Textur dem bekannteren Provolone gleicht.

Gebacken werden kann Sfincione in zweierlei Formen – als runde Fladen, die dann jeweils eine Portion ergeben, oder rechteckig auf dem Backblech. Wofür man sich entscheidet, bleibt ganz dem eigenen Geschmack überlassen, nur sollte man bei der großen Sfincione darauf achten, dass die Menge der Zutaten sich dann, wie angegeben, etwas erhöht.

1 Das Mehl in eine Schüssel sieben und in die Mitte eine Mulde drücken. Die Hefe in der Milch auflösen, in die Mulde gießen. Mit Ei und Salz zu einem lockeren Teig verarbeiten. Zur Kugel formen und zugedeckt etwa 40 Minuten gehen lassen.

2 Für den Belag die Tomaten blanchieren, häuten, Stielansätze und Samen entfernen. Das Fruchtfleisch in kleine Stücke schneiden. Die Knoblauchzehen sowie die Zwiebeln schälen, fein hacken und mit Tomaten, Salz und 2 EL Öl mischen.

**Sfincione-Fladen –** hier ganz klassisch nur mit Tomaten und Zwiebeln. Nicht so üppig belegt wie Pizza, nicht so puristisch wie Focaccia, kann man Sfincione, auch vom Teig her, als Kompromiss zwischen beiden bezeichnen.

3 Für 4 Portionsfladen den Teig durchkneten und vierteln. 4 dicke Fladen mit jeweils 2 bis 3 cm dicken Rändern daraus formen. Zwei Backbleche mit Öl einfetten und die Fladen darauf legen. Die Tomatenmischung auf den Teigstücken verteilen. Die Oliven halbieren und entsteinen, den Käse etwa 1 cm groß würfeln. Die Oliven, den Käse und den Oregano auf die Tomaten streuen. Das restliche Olivenöl darüber träufeln und je 2 Fladen nacheinander bei 200 °C im vorgeheizten Ofen 25 bis 30 Minuten backen.

4 Für eine große Sfincione den Teig auf Backblechgröße ausrollen und auf das gefettete Blech legen. Mit einer Gabel mehrfach einstechen, damit er beim Backen keine Blasen wirft. Tomaten, Knoblauch, Zwiebeln, Oliven und Käse in der gleichen Weise wie für die Fladen vorbereiten und mit den Kräutern auf dem Teig verteilen. Die Sfincione bei 220 °C im vorgeheizten Ofen 20 bis 25 Minuten backen.

**Frisch vom Blech** bieten die »sfincionari« – Sfincione-Bäcker und -Verkäufer – traditionell das herzhafte Gebäck an. Für ihre Kunden schneiden sie einfach ein Portionsstück ab.

# Focaccia

## mit Sardinen

**Für den Teig:**
650 g Weizenmehl Type 550
42 g frische Hefe
1 EL Zucker
400 ml lauwarmes Wasser
4 EL Olivenöl, 1 EL Salz

**Für den Belag:**
600 g Sardinen
150 g Zwiebeln
3 Knoblauchzehen
grobes Meersalz
frisch gemahlener Pfeffer
1 EL gehackte Petersilie
2 EL Olivenöl

**Außerdem:** Öl für die Bleche

Die berühmten ligurischen Fladenbrote sind nur scheinbar einfach – mit den entsprechenden Zutaten ist dieses Brot etwas für Kenner.

1 Das Mehl in eine Schüssel sieben und in die Mitte eine Mulde drücken. Die Hefe hineinbröckeln, den Zucker zufügen und mit dem lauwarmen Wasser auflösen, dabei etwas Mehl vom Rand mit untermischen. Den Vorteig mit Mehl bestauben und zugedeckt etwa 15 Minuten an einem warmen, zugfreien Ort gehen lassen, bis die Oberfläche Risse zeigt.

2 Das restliche Wasser, das Öl und das Salz zum Vorteig geben und alles zu einem geschmeidigen Teig verkneten. Sollte er kleben, noch ein wenig Mehl unterkneten. Den Teig zu einer Kugel formen, mit etwas Mehl bestauben und zugedeckt erneut 30 Minuten gehen lassen, bis er das Doppelte seines Volumens erreicht hat.

3 Für den Belag die Sardinen filetieren. Dazu alle Flossen sowie die Köpfe der Fische entfernen. Jede Sardine mit einem kleinen, scharfen Messer vorsichtig auf der Bauchseite aufschneiden. Jeweils das Rückgrat, die so genannte Mittelgräte, rechts und links mit dem Daumen freilegen, ohne dabei die Filets zu verletzen, und die Gräte vorsichtig herausziehen. Die beiden zusammenhängenden Filets unter fließendem kaltem Wasser gründlich waschen und sorgfältig trockentupfen.

4 Die Zwiebeln schälen, halbieren und in dünne Spalten schneiden. Den Knoblauch schälen und fein hacken.

5 Den Focaccia-Teig durchkneten, halbieren und auf einer bemehlten Arbeitsfläche zu 2 Rechtecken von je 25 x 40 cm ausrollen. Die Platten auf geölte Backbleche legen und mehrmals mit einer Gabel einstechen. Mit den Sardinen, den Zwiebeln und dem Knoblauch belegen. Salz, Pfeffer sowie Petersilie darüber streuen und Olivenöl darüber träufeln.
Die Focaccie weitere 30 Minuten gehen lassen und dann bei 200 °C im vorgeheizten Ofen 20 bis 25 Minuten backen.

# Focaccia

## mit Pecorino und Schinken

**Für den Teig:**
550 g Weizenmehl Type 550
25 g frische Hefe
200 ml lauwarme Milch
100 g weiche Butter
2 kleine Eier
½ TL Salz

**Außerdem:**
150 g mittelalter Pecorino oder Hartkäse
200 g luftgetrockneter italienischer Schinken
etwas Olivenöl und Mehl für das Blech

Welchen Schinken und welchen Pecorino man nun genau für dieses Rezept wählt, sollte ganz dem eigenen Geschmack und Geldbeutel überlassen bleiben. Was den Schinken angeht, so reicht hier die Palette vom Prosciutto di Parma über den milderen San Daniele bis hin zum Geheimtipp Culatello, einer hierzulande noch wenig bekannten Spezialität aus der Gegend von Zibello in der Provinz Parma. Für Culatello ist nur das saftige Kernstück der Schweinekeule gut genug, das, sorgfältig gewürzt, etwa 9 Monate an der Luft reift, allerdings auch einen entsprechend hohen Preis hat.

Noch größer ist die Auswahl an Pecorino-Sorten, dem Hartkäse aus Schafmilch, der in ganz Mittel- und Süditalien hergestellt wird – mit von Region zu Region unterschiedlichen Rezepturen. Am besten, man entscheidet sich für einen mittelalten, in Italien »semifresco« genannten Pecorino, dessen Teig noch nicht so krümelig ist wie bei lange gereiftem Käse, so dass er beim Backen sanft schmelzen kann.

1 Das Mehl in eine Schüssel sieben und in die Mitte eine Mulde drücken. Die Hefe hineinbröckeln, mit der lauwarmen Milch auflösen und dabei etwas Mehl vom Rand her mit untermischen. Den Ansatz mit Mehl bestauben. Die Schüssel mit einem Tuch abdecken und den Teig an einem warmen, zugfreien Ort gehen lassen, bis die Oberfläche Risse zeigt, das dauert etwa 15 Minuten.

2 Die restliche Milch, die Butter, Eier und Salz zum Vorteig geben und alles zu einem glatten Teig verkneten. Den Teig zu einer Kugel formen, mit Mehl bestauben, in eine Schüssel legen und zugedeckt an einem nicht zu warmen Ort etwa 2 Stunden gehen lassen.

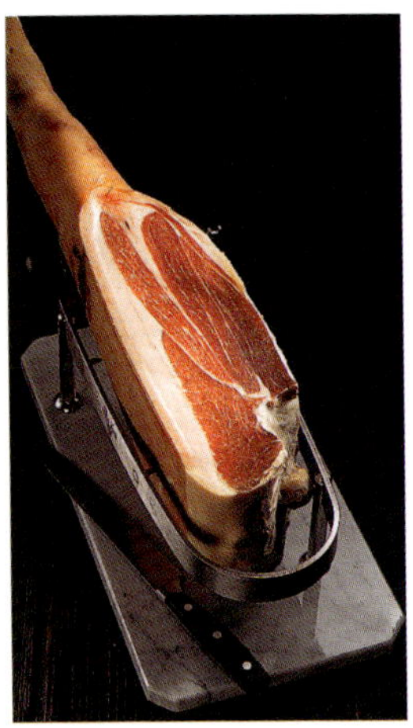

**Luftgetrockneter Schinken,** hier ein prächtiger San Daniele, ist eine Delikatesse, die auch eine einfache Focaccia zum besonderen Leckerbissen machen kann.

**Wer mag,** bestreut die Focaccia während des Backens mit Käse- und Schinkenwürfeln. Die sorgen dann, wie beim Fladen im Hintergrund zu sehen, für eine attraktive Oberfläche. Im Teig versteckt , wie beim Fladen vorn, sind sie dagegen nicht so sehr der Ofenhitze ausgesetzt und bleiben saftiger.

# Focaccia

## mit Pecorino und Schinken

**Pecorino** stellen sizilianische Bauern oft noch auf traditionelle Weise selbst her. Hier wird die Schafmilch mit dem Lab in Kupferkesseln über einem Holzfeuer erwärmt, bis sie stockt.

3 Den Käse und den Schinken in 5 mm große Würfel schneiden. Den Teig erneut durchkneten und dabei die Käse- und Schinkenwürfel mit einarbeiten. Falls man die Oberfläche der Fladen später bestreuen möchte, einen Teil davon zurückbehalten.

4 Den Teig halbieren und zu 2 ovalen Fladen von etwa 30 cm Länge und 20 cm Breite sowie 2 cm Dicke ausrollen. Die Fladen auf gefettete, leicht bemehlte Bleche legen und zugedeckt etwa 30 Minuten gehen lassen, bis sich ihr Volumen deutlich vergrößert hat.

5 Die Fladen mit Olivenöl bestreichen und bei 200 °C im vorgeheizten Ofen 30 bis 35 Minuten backen. Wenn gewünscht, nach der Hälfte der Backzeit die restlichen Käse- und Schinkenwürfel über die Fladen streuen. Aus dem Ofen nehmen und die Focaccie auf einem Kuchengitter auskühlen lassen.

# Torta cappuccina
## mit Ricotta und Mangold

**Für 2 Torten von 25 cm Durchmesser:**
750 g Weizenmehl Type 405
75 ml Olivenöl
½ TL Salz
frisch gemahlener Pfeffer

**Für die Füllung:**
1 kg Mangold
Salz
80 g Zwiebeln
25 g Butter
frisch gemahlener Pfeffer
1 EL gehackter Oregano
400 g Ricotta oder Doppelrahmfrischkäse
1 Ei

**Außerdem:**
80 g zerlassene Butter
100 g frisch geriebener Parmesan
½ Eigelb, mit Wasser verquirlt

Eigentlich ist sie eine kunstvoll geschichtete pikante Torte mit saftiger vegetarischer Füllung und mediterraner Würze: »Torta cappuccina«, Kapuzinertorte, wird ein solches Meisterwerk in Italien genannt. Gemüsetorten sind dort überhaupt beliebt; so bäckt man etwa zu Ostern die »torta pasqualina« mit Spinat und eventuell auch mit Artischocken, und in Ligurien versteht man sich auf einen feinen Kuchen mit Mangold und Pinienkernen.

1 Für den Teig das Mehl in eine Schüssel sieben. Öl, etwa ¼ l Wasser, Salz und Pfeffer zufügen und alles zu einem glatten Teig verkneten. Zudecken und etwa 20 Minuten ruhen lassen.

2 Für die Füllung den Mangold von den Stielen befreien. Die Blätter unter fließendem kaltem Wasser waschen und in etwa 1 cm breite Streifen schneiden. In kochendem Salzwasser 2 bis 3 Minuten blanchieren. Mit einem Schaumlöffel herausheben, abtropfen und abkühlen lassen, gut ausdrücken.

3 Die Zwiebeln schälen und fein hacken. Die Butter in einer Pfanne zerlassen und die Zwiebelwürfel darin hell anschwitzen. Die Mangoldstreifen 3 bis 4 Minuten mitschwitzen. Mit Salz, Pfeffer und Oregano würzen. Die Pfanne beiseite stellen und den Mangold abkühlen lassen. Die Ricotta in einer Schüssel mit dem Ei glatt rühren, Mangold und Zwiebeln untermischen und die Füllung mit Salz und Pfeffer abschmecken.

**Ricotta-Produktion in der Emilia-Romagna:**
Ricotta wird herergestellt aus der Molke von Kuhmilchkäse, der meist noch Kuhmilch zugefügt wird. Durch Erhitzen auf 80 bis 95 °C fällt man das Eiweiß aus dem Molke-Milch-Gemisch aus und schöpft es zum Ablaufen in kleine Körbchen oder Schalen, in denen der Käse dann in der Regel auch in den Verkauf kommt.

# Torta cappuccina

## mit Ricotta und Mangold

4 Den Teig nochmals kurz durchkneten, halbieren und die Hälften auf einer bemehlten Arbeitsfläche zu Rollen formen. Auf jeder Teigrolle 6 gleich große Stücke markieren. Weiterverfahren, wie in der Bildfolge rechts gezeigt.

5 Ein Backblech mit etwas Öl fetten. Die gefüllte Torte mit den eingeschlagenen Teigrändern nach unten darauf legen. Die Oberfläche mit Butter bestreichen und mit einer Gabel einstechen. Die zweite Torte auf die gleiche Weise zubereiten. Beide Torten bei 200 °C im vorgeheizten Ofen 20 bis 25 Minuten backen.

**Den Teig zubereiten:**

1 Von den 6 markierten Teilen 4 Teile von der Teigrolle abtrennen; das letzte Stück verbleibt als eine »doppelte Portion«.

2 Alle Teigstücke zu Kugeln formen. Die 4 kleinen jeweils zu Fladen von 24 cm Durchmesser, die große Kugel zu einem Fladen von 35 cm Durchmesser ausrollen.

3 Einen der kleinen Fladen mit zerlassener Butter bestreichen und mit Parmesan bestreuen.

4 Einen weiteren kleinen Fladen mit dem Rollholz aufnehmen und passgenau auf den vorbereiteten ersten Fladen legen.

5 Die Hälfte der Mangold-Ricotta-Füllung mit Hilfe einer Palette gleichmäßig auf dem zweiten Fladen verstreichen.

6 Den dritten Fladen auflegen, mit Butter bestreichen und mit Parmesan bestreuen. Mit dem vierten kleinen Fladen bedecken.

7 Den großen Fladen mit Butter bestreichen, dabei 3 cm Rand frei lassen. Mit Parmesan bestreuen; den Fladenstapel darauf setzen.

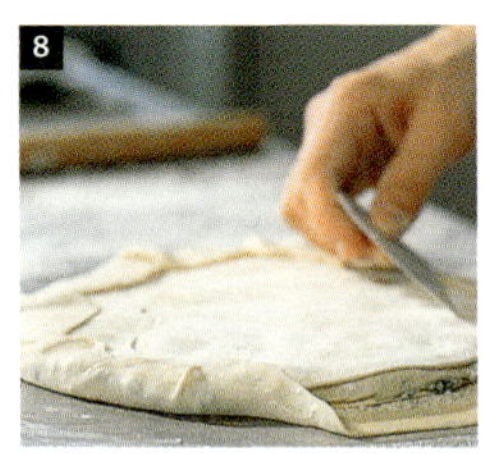


8 Den Rand mit Eigelb bestreichen und leicht gefaltet nach innen einschlagen, so dass die Füllung völlig eingeschlossen ist.

# Cipollata

## Zwiebelsuppe mit Vintschger

**Für die Suppe:**
100 g Pancetta
500 g Zwiebeln
600 g Tomaten
4 EL Olivenöl
20 g Butter
1 TL Zucker
1 l Gemüse- oder Geflügelfond
Salz
grob gemahlener schwarzer Pfeffer

**Für die Einlage:**
1 Vinschgauer (etwa 150 g)
2 bis 3 EL natives Olivenöl extra
2 Eier
Salz
frisch gemahlener Pfeffer
10 g Butter
80 g frisch geriebener Hartkäse (Parmesan)
1 EL gehackte Kräuter (Petersilie, Basilikum)

1 Die Pancetta (italienischer Schinkenspeck) klein würfeln. Zwiebeln schälen und in dünne Ringe schneiden. Tomaten blanchieren, kalt abschrecken, häuten und vierteln. Stielansatz und Samen entfernen. Die Samen durch ein Sieb passieren, dabei den Saft auffangen. Das Fruchtfleisch ½ cm groß würfeln.

2 Pancetta-Würfel in einem Topf ohne Zugabe von Fett auslassen. Öl, Butter und Zwiebeln zufügen, mit Zucker bestreuen und die Zwiebeln bei mittlerer Hitze in etwa 15 Minuten goldbraun braten. Fond und Tomatensaft zugießen, Tomatenwürfel einrühren. Salzen und pfeffern. Zum Kochen bringen, die Hitze reduzieren und den Topfinhalt 15 bis 20 Minuten köcheln lassen. Bei Bedarf noch etwas Fond angießen. Abschmecken.

3 Das Brot in etwa 1,5 cm dicke Scheiben schneiden. Die Scheiben auf ein mit Backpapier belegtes Blech setzen, mit etwas Öl beträufeln und bei 200 °C im vorgeheizten Ofen goldgelb rösten. Erst unmittelbar vor dem Servieren die Eier in einer Schüssel verquirlen und mit Salz und Pfeffer würzen. Die Butter in einer beschichteten Pfanne zerlassen und die Eier hineingießen. Sobald sie zu stocken beginnen, mit einem Pfannenwender ständig rühren und zur Mitte hin schieben, bis das Rührei gleichmäßig cremig ist und noch feucht glänzt.

4 Die Zwiebelsuppe in vorgewärmte Suppenteller schöpfen. Die gerösteten Brotscheiben auflegen, diese mit dem Käse bestreuen sowie mit dem Rührei belegen und mit grob gemahlenem Pfeffer und den Kräutern bestreuen. Sofort servieren.

# Crostini

## mit Olivenpaste

**Für die Olivenpaste:**
4 Sardellenfilets, in Salz
1 EL Kapern, in Salz
200 g schwarze Oliven, entsteint
1 getrockneter Peperoncino
½ TL Fenchelsamen
5 EL Olivenöl
1 EL Zitronensaft
frisch gemahlener schwarzer Pfeffer
Salz nach Belieben

**Außerdem:**
150 g gewürfeltes Tomatenfruchtfleisch
12 Scheiben Weißbrot mit kräftiger Krume

Vorspeisen mit Brot machen in Italien eine ganze Gruppe unter den Antipasti aus, bei denen eines immer gleich ist: ein pikanter Belag auf krosser Unterlage. Im Original über einer Holzkohleglut geröstet, können die Brotscheiben ersatzweise jedoch auch im Ofen oder im Toaster gebräunt werden – nicht ganz dasselbe, aber immer noch sehr gut.

Erstaunlich, wie man mit so wenig so köstliche Ergebnisse erzielen kann. In der einfachsten Version von Crostini treffen nur Brot und Öl aufeinander. Hinzu kommen können die Aromen von Knoblauch und Tomaten, Oliven oder Kräutern. Doch sollte man sich von der Schlichtheit der Zutaten nicht täuschen lassen: Je direkter und unverfälschter ihr Aroma zu schmecken ist, desto mehr kommt es auf Qualität an – am besten kräftiges Landbrot, Olivenöl frisch aus der Presse und Tomaten, die so schmecken, wie man sich das vorstellt: sonnengereift.

1 Die Sardellenfilets und die Kapern kurz in Wasser legen, herausnehmen, abtropfen lassen und grob schneiden. Mit entsteinten Oliven, Peperoncino (Samen entfernen), Fenchelsamen und Öl im Mixer pürieren.

2 Die Paste mit Zitronensaft und Pfeffer würzen, nach Belieben salzen.

3 Brotscheiben bei 250 °C im vorgeheizten Ofen in 4 Minuten goldbraun rösten, mit der Olivencreme bestreichen und mit Tomatenwürfeln garniert servieren.

**Crostini mit Olivenpaste,** hier mit einigen Tomatenwürfelchen garniert, schmecken als Antipasto ganz hervorragend. Man isst Crostini aber auch gerne mit anderen Auflagen aus Geflügelleber, Fleisch oder Fisch.

# Crostini

## mit Estragonsauce

**Für die Sauce:**
50 g Weißbrot, in dünnen Scheiben
⅛ l natives Olivenöl extra
3 Knoblauchzehen
2 EL gehackter Estragon
2 EL Rotweinessig
1 TL Aceto balsamico
Salz
frisch gemahlener Pfeffer

**Außerdem:**
12 Scheiben Weißbrot mit kräftiger Krume

»Salsa al dragoncello« heißt die würzige Sauce aus Estragon, die, wie unten angegeben fertig gemixt, gut zu Fisch oder gekochtem Fleisch passt. Stattdessen kann man die köstliche Kräutermischung aber auch als Antipasto auf gerösteten Brotscheiben servieren.

1 Das Brot in ein Gefäß legen und mit dem Öl übergießen. Knoblauch schälen, fein hacken, mit dem Estragon vermischen und über das eingelegte Brot streuen.

2 Das Gefäß mit Folie verschließen, alles 1 bis 2 Stunden durchziehen lassen. Mit zweierlei Essig, Salz und Pfeffer würzen und alles mit dem Mixstab pürieren.

3 Brotscheiben bei 250 °C im vorgeheizten Ofen in 4 Minuten goldbraun rösten, mit der Estragonsauce bestreichen und servieren.

**Estragon,** das Kraut mit den schmalen, langen Blättern und dem recht eigenständigen Geschmack, wird in der italienischen Küche vor allem frisch verwendet. Nur so bringt der Estragon, italienisch »dragoncello«, sein ganzes Aroma mit.

**Brotscheiben in feinem Olivenöl –** aromatisiert mit einer Mischung aus Estragon, Knoblauch sowie zweierlei Essigsorten. Eine Bruschetta-Variante, bei der Estragon einmal den sonst häufig verwendeten Rucola ersetzt.

# Bruschette

## mit Tomaten

**Für den Belag:**
400 g Tomatenfruchtfleisch
2 Knoblauchzehen, geschält
1 Bund Basilikum
Salz
frisch gemahlener schwarzer Pfeffer
2 bis 3 EL natives Olivenöl extra

**Außerdem:**
12 Scheiben italienisches Weißbrot, etwa aus der Toskana

Als Auflage kommen bei der rustikalen »bruschetta« neben Öl die unterschiedlichsten Produkte in Frage: Fisch, Ricotta, Gemüse oder auch Kräuter. In der Toskana nennt man diese ursprünglich aus Rom stammende, heute in ganz Mittelitalien verbreitete Vorspeise »fettunta« und isst sie entweder nur mit Öl oder bestrichen mit einer Kräuter-Knoblauch-Mischung. Wer den Geschmack von Kapern liebt, fügt noch 2 TL der würzigen Knospen in Salz hinzu, allerdings klein gehackt. In diesem Fall mit dem Salz aufpassen.

1 Tomatenfruchtfleisch klein würfeln. Knoblauch fein hacken, Basilikum bis auf einige Blätter in Streifen schneiden. Alles mit Salz, Pfeffer und Öl mischen.

2 Brotscheiben bei 250 °C im vorgeheizten Ofen in etwa 4 Minuten goldbraun rösten.

3 Herausnehmen, die Tomatenmischung darauf verteilen. Mit Basilikum garniert servieren.

**Bruschette mit Tomaten:** Anstatt den gehackten Knoblauch mit den Tomaten zu vermischen, kann man auch das frisch geröstete Brot einfach mit einer halben Knoblauchzehe einreiben und dann die Tomaten darauf verteilen.

# Vintschger

## Dunkles Gewürzbrot aus Südtirol

**Für den Teig:**
500 g Roggenmehl Type 1150
250 g Sauerteig
1½ TL Salz
etwa 350 ml lauwarmes Wasser
½ TL gestoßene Koriandersamen
½ TL gestoßene Fenchelsamen
½ TL gestoßene Kümmelsamen

**Außerdem:**
Fett und Mehl für das Blech

1 Das Mehl in eine Schüssel sieben und in die Mitte eine Mulde drücken. Den Sauerteig einrühren, salzen und nach und nach das Wasser und die Gewürze unterarbeiten – es soll ein mittelfester Teig entstehen. Mit Mehl bestauben und zugedeckt an einem warmen, zugfreien Ort etwa 2 Stunden gehen lassen.

2 Teig kurz durchkneten, auf einer bemehlten Arbeitsfläche zu 4 Kugeln formen. Zu Fladen von 18 bis 20 cm Durchmesser ausrollen. Mit Mehl bestauben und erneut 1 Stunde gehen lassen. Auf ein gefettetes, leicht bemehltes Backblech setzen. Die Fladen bei 200 °C im vorgeheizten Ofen 15 bis 20 Minuten backen.

**Fenchel- und Koriandersamen** passen geschmacklich mit ihrem würzigen Aroma gut zu dunklen, schweren Broten aus Roggenmehl, wie es auch die Vintschger Fladen sind.

**Vintschger,** die oft paarweise als zusammenhängende Fladen gebacken werden, schmecken hervorragend zu würzigem Südtiroler Speck.

# Piadina

## Fladenbrot aus der Romagna

**Für 5 Fladen:**
500 g Weizenmehl Type 405
25 g frische Hefe
230 ml lauwarme Milch
50 g weiches Schweineschmalz
1 Ei
1/2 TL Salz
1 Prise Zucker

**Wirklich ganz dünn –** so rollt Renzo Depellegrin hier »seinen« Piadina-Teig aus. In seinem Restaurant »Al palazzo Tesorieri« in Bagnocavallo werden die Fladenbrote ständig frisch gebacken.

Sie ist ein Fladenbrot aus der Emilia-Romagna, das auf einer heißen Platte gebacken wird. »Piadina romagnola« oder kurz »piada« wird als die Leibspeise der Bewohner der Adriaküste zwischen Ravenna und Cattolica angesehen – darf das dünne Fladenbrot dort doch bei keinem Essen fehlen. Verkauft wird es in besonderen »piadinerie«, aber auch so mancher Kiosk am Strand bietet auf einer heißen Platte – die kann aus Ton oder aus Gusseisen sein – gebackene Piadine an.

In fast jedem Ort scheint man ein eigenes Geheimrezept dafür zu haben, was durchaus wörtlich zu nehmen ist, da die Piadina-Bäcker ihre eigene Rezeptur streng für sich zu behalten pflegen. Der Kult um die Piadina geht so weit, dass man in Rimini eigens eine Schule, die »Scuola internazionale di piadina romagnola«, gegründet hat. Wie dem auch sei – das Grundrezept ist klar: Der Teig besteht lediglich aus Mehl, Schweineschmalz, Wasser und Salz.

In Ravenna jedoch reichert man ihn zuweilen mit Milch, Honig sowie Zitronenschale an und ersetzt das Schmalz durch Olivenöl. In den Dörfern um Rimini rührt man den Teig mit heißem Wasser, in der Umgebung von Cattolica dagegen mit kaltem Mineralwasser an; bei Coriano darf's gar trockener Weißwein sein, und in Cesena lockert man die Fladen mit Hefe – das hier vorgeschlagene Rezept schließt sich daran an.

Piadina isst man entweder einfach so, frisch gebacken und noch warm, oder sie wird gefüllt. Und das manchmal sogar recht opulent. Dazu halbiert man die noch warmen Fladen, belegt sie nach Wunsch und klappt die zweite Fladenhälfte darüber. Gängige Füllungen bestehen aus Schinken, Salami, Tomaten mit Mozzarella, blanchiertem Spinat, Käse, Rucola, Sardellen, Salsiccia oder Peperoni: Der Phantasie sind keine Grenzen gesetzt.

1 Das Mehl in eine Schüssel sieben und in die Mitte eine Mulde drücken. Die Hefe hineinbröckeln und mit der Milch auflösen, dabei etwas Mehl vom Rand mit untermischen. Den Vorteig mit Mehl bestauben. Die Schüssel mit einem sauberen Tuch abdecken und an einen warmen, zugfreien Ort stellen.

# Piadina

## Fladenbrot aus der Romagna

2 Den Teig gehen lassen, bis die Oberfläche Risse zeigt. Das Schweineschmalz, das Ei, Salz und Zucker zum Vorteig geben und alle Zutaten zunächst mit einem Holzlöffel verrühren. Mit den Händen zu einem glatten Teig verkneten.

3 Den Teig zu einer Kugel formen, in die Schüssel legen und zugedeckt nochmals gehen lassen. Den Teig erneut durchkneten und zu einer Rolle von 6 cm Stärke formen. Diese in 5 Stücke von je etwa 160 g teilen. Die Teigstücke auf einer leicht bemehlten Arbeitsfläche zu Fladen von 25 cm Durchmesser ausrollen.

4 Eine Platte aus Ton oder Gusseisen (spezielle Platten für Piadina, die allerdings hierzulande nur schwer aufzutreiben sein dürften, kann man sowohl auf Gasherden als auch auf Elektroplatten verwenden) ohne Fett erhitzen. Behelfen kann man sich aber auch mit einer schweren, gusseisernen, unbeschichteten Pfanne, die ebenfalls ohne Fett erhitzt wird.

5 Die Fladen nacheinander backen, wie in der Bildfolge unten erläutert. Die fertig gebackenen, heißen Fladen auskühlen lassen und nach Belieben weiterverarbeiten.

1 Die Fladen vorsichtig auf die heiße Platte legen. Dabei darauf achten, dass keine Luftblasen entstehen.

2 Mit einer Gabel mehrmals dicht nebeneinander einstechen, damit die Luft entweichen kann.

3 Die Fladen unter mehrmaligem Wenden 8 bis 10 Minuten backen, bis sie schön gebräunt sind.

# Calzone

## mit Zwiebeln und Tomaten

**Für den Teig:**
400 g Weizenmehl Type 550 oder 405
1 TL Salz
30 g frische Hefe
1/4 l lauwarmes Wasser
3 EL Olivenöl

**Für die Füllung:**
300 g Zwiebeln
100 g schwarze Oliven mit Stein
6 Sardellenfilets
1 EL Kapern
300 g kleine Tomaten
1 Bund Petersilie
5 EL Olivenöl
Oregano
Salz
frisch gemahlener Pfeffer
150 g junger Pecorino oder Hartkäse, grob geraspelt

**Außerdem:**
Öl für das Blech
1 Ei zum Bestreichen

Hierzulande kennt man Calzone vor allem als zusammengeklappte Pizza – so kommt sie beim Italiener um die Ecke mal mehr, mal weniger üppig gefüllt auf den Tisch. In Italien dagegen bezeichnet man Teigtaschen der unterschiedlichsten Art als »calzoni«, zu Deutsch »gefüllte Strümpfe«. Grundlage kann ein kräftiger Brot- oder Pizzateig sein, aber auch ein feinerer Hefeteig. Noch größer ist die Vielfalt bei den Füllungen, von denen die hier und Seite 58 vorgestellten Variationen zu den köstlichsten gehören. Wer will, kann bei beiden Rezepten statt einer großen Teigtasche auch zwei kleine backen.

1 Das Mehl in eine Schüssel sieben und mit dem Salz vermischen. Die Hefe im Wasser auflösen und mit dem Öl zum Mehl geben. Alles zu einem geschmeidigen Teig verkneten. Den Teig zur Kugel formen, in einer Schüssel mit Mehl bestauben. Mit einem sauberen Tuch abdecken und den Teig an einem warmen, zugfreien Ort etwa 30 Minuten gehen lassen, bis sich sein Volumen verdoppelt hat.

2 Für die Füllung die Zwiebeln schälen und in Ringe schneiden. Die Oliven entsteinen und fein hacken. Die Sardellenfilets und die Kapern ebenfalls klein hacken.

**Frisches Gemüse** von bester Qualität für die Füllung ist die Voraussetzung für Genuss. Vor allem das Aroma der Tomaten ist entscheidend.

# Calzone

## mit Zwiebeln und Tomaten

3 Die Tomaten blanchieren, häuten, Stielansätze und Samen entfernen und das Fruchtfleisch würfeln. Die Petersilie fein hacken. Das Öl in einer Pfanne erhitzen und die Zwiebelringe darin zugedeckt bei geringer Hitze weich dünsten. Die Oliven, die Sardellen, die Kapern, die Tomaten und die Petersilie untermischen. Mit Oregano, Salz sowie Pfeffer würzen und die Mischung abkühlen lassen. Den Käse unterrühren.

4 Den Teig erneut durchkneten und auf einer bemehlten Arbeitsfläche zu einem ovalen Fladen von ½ bis 1 cm Dicke ausrollen. Das Ei trennen.

5 Die Füllung auf einer Teighälfte verteilen, wie unten links gezeigt, dabei einen Rand frei lassen. Diesen mit Eiweiß bestreichen. Die andere Teighälfte darüber klappen und den Rand gut festdrücken. Den äußeren Rand ebenfalls mit Eiweiß bestreichen und nach innen klappen.

6 Die Calzone umdrehen, auf ein gefettetes Backblech legen und den nun entstandenen dickeren Rand mit einem Messerrücken eindrücken, wie unten rechts im zweiten Bild gezeigt. Die Calzone zugedeckt noch etwa 20 Minuten gehen lassen.

7 Die Oberfläche mit dem verquirlten Ei bestreichen. Die Calzone bei 200 °C im vorgeheizten Ofen in 25 bis 30 Minuten goldgelb backen.

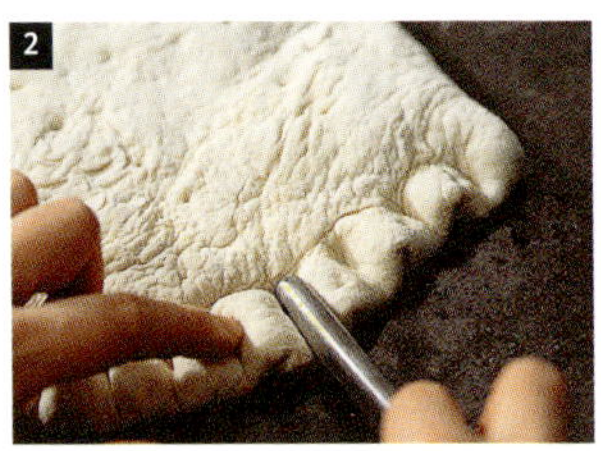

1 Beim Auftragen der Füllung einen 2 cm breiten Rand frei lassen und diesen mit Eiweiß bestreichen. Die zweite Teighälfte darüber klappen und die Ränder gut festdrücken.

2 Die Calzone umgedreht auf ein Blech legen und den nunmehr dicken Rand mit einem Messer in Abständen von etwa 1 cm eindrücken.

# Focacia

## mit Oliven

**Für 2 Fladen:**
1 kg Weizenmehl Type 405
42 g frische Hefe
½ l lauwarmes Wasser,
4 EL Olivenöl
2 TL Salz

**Außerdem:**
Öl und Mehl für die Backbleche
100 ml natives Olivenöl extra
etwa 50 kleine schwarze Oliven, nach Belieben entsteint
grobes Meersalz

**Das Olivenöl**, das am besten mit einem speziellen Ölkännchen in die Vertiefungen der Fladen gegossen wird, nimmt der Teig nicht vollständig auf. Aber gerade dadurch bleibt die Focaccia so schön saftig.

1 Das Mehl in eine Schüssel sieben, in die Mitte eine Mulde drücken. Die Hefe hineinbröckeln, mit dem Wasser auflösen und dabei etwas Mehl vom Rand mit untermischen. Den Vorteig mit Mehl bestauben und mit einem Tuch abdecken. An einem warmen, zugfreien Ort gehen lassen, bis die Oberfläche Risse zeigt. Öl und Salz mit dem Vorteig verkneten. Zur Kugel formen und zugedeckt erneut gehen lassen, bis der Teig das Doppelte seines Volumens erreicht hat.

2 Den Teig durchkneten und halbieren. Auf einer bemehlten Arbeitsfläche 2 rechteckige Fladen von etwa 30 x 40 cm ausrollen. Auf gefettete, leicht bemehlte Backbleche legen und zugedeckt etwa 15 Minuten an einem warmen Ort gehen lassen.

3 In jeden Fladen mit Zeige- und Mittelfinger Vertiefungen in gleichmäßigem Abstand zueinander eindrücken. Pro Fladen insgesamt 50 ml Olivenöl in die Vertiefungen verteilen, wie auf dem Bild links gezeigt. Eines der Fladenbrote mit grobem Salz bestreuen, bei dem anderen 1 Olive in jede Vertiefung legen.

4 Die Fladen bei 200 °C im vorgeheizten Ofen etwa 20 Minuten backen. Herausholen und auf einem Kuchengitter abkühlen lassen.

# Ribollita

## Bohnensuppe mit geröstetem Brot

**Für die Suppe:**
4 EL Olivenöl
80 g weiße Zwiebeln, fein gehackt
1 Knoblauchzehe, fein gehackt
250 g eingeweichte weiße Bohnenkerne
150 g luftgetrockneter Schinken am Stück
1 kleiner getrockneter Peperoncino
2 Thymianzweige
1 kleiner Zweig Rosmarin
100 g Möhren, geschält
80 g Stangensellerie
100 g Lauch
150 g Mangold
Salz
frisch gemahlener Pfeffer

**Außerdem:**
8 bis 12 Scheiben geröstetes toskanisches Landbrot
50 g frisch geriebener Parmesan

Die »Wiederaufgekochte« – so würde man »Ribollita« übersetzen. Dahinter verbirgt sich eine dicke Bohnensuppe, die – einmal gekocht und wieder aufgewärmt – immer besser schmeckt. Wer so viel Geduld nicht aufbringen und die Suppe am selben Tag servieren möchte, dem sei das folgende Rezept empfohlen. Die dickflüssige Konsistenz wird hier dadurch erzielt, dass die Hälfte der Suppe püriert wird.

1 2 EL Öl erhitzen, Zwiebeln und Knoblauch darin hell anschwitzen. Bohnen und Schinken zufügen, 2 l Wasser angießen. Zum Kochen bringen, die Hitze reduzieren, Peperoncino und Kräuter einlegen und alles zugedeckt etwa 1 Stunde köcheln lassen.

2 Möhren in ½ cm kleine Stücke würfeln. Sellerie und Lauch putzen, Sellerie in Scheiben, den Lauch in dünne Ringe schneiden. Die geputzten Mangoldblätter in etwa 1 cm breite Streifen schneiden. Das restliche Öl erhitzen, Möhren, Sellerie und Lauch darin unter Rühren 3 bis 4 Minuten anschwitzen.

3 Das Gemüse in die Suppe rühren, weitere 40 Minuten garen. Mangold untermischen, noch 20 bis 25 Minuten garen. Den Schinken herausnehmen, klein würfeln. Die Hälfte der Suppe im Mixer pürieren, unter den Rest mischen, die Schinkenwürfel untermengen, salzen und pfeffern.

4 Die gerösteten Brotscheiben in tiefe Teller legen, mit der Hälfte des Käses bestreuen. Die Suppe darauf verteilen, mit dem restlichen Käse bestreuen. Unter dem heißen Grill kurz gratinieren und sofort servieren.

# Calzone

## mit dreierlei Käse und Salami

**Teig:** wie im Rezept Seite 53

**Für die Füllung:**
100 g Mozzarella oder junger Provolone
200 g Ricotta oder Frischkäse
50 g Pecorino oder Hartkäse
100 g italienische Salami
1 kleiner Thymianzweig, einige Rosmarinnadeln
1 Ei
50 ml Sahne
1 EL gehackte Petersilie
Salz
frisch gemahlener Pfeffer

**Außerdem:**
1 Eiweiß sowie 1 Eigelb zum Bestreichen
Mehl für das Backblech

1 Den Teig zubereiten, wie im Rezept Seite 53 beschrieben. Für die Füllung Mozzarella oder Provolone in etwa ½ cm große Würfel schneiden, die Ricotta durch ein Sieb streichen, den Pecorino fein reiben. Salami in dünne Scheiben schneiden. Thymianblättchen abzupfen, zusammen mit dem Rosmarin hacken. Alle drei Käsesorten mit den Salamischeiben sowie mit Ei, Sahne und Kräutern vermischen. Die Masse mit Salz und Pfeffer würzen.

2 Den Teig durchkneten und zu einer großen, runden Platte ausrollen. Die Füllung auf der einen Hälfte der großen Platte verteilen, dabei einen etwa 2 cm breiten Rand frei lassen. Diesen mit Eiweiß bestreichen, die andere Teighälfte darüber klappen und die Ränder gut andrücken. Den Rand formen, wie auf Seite 54 unten gezeigt.

3 Die Calzone zugedeckt noch etwa 20 Minuten gehen lassen. Dann die Oberfläche mit verquirltem Eigelb bestreichen. Die Calzone bei 200 °C im vorgeheizten Ofen in 25 bis 30 Minuten goldgelb backen.

**Gleich drei Sorten Käse** gehören in die Füllung dieser Calzone, der darüber hinaus noch Salamischeiben und frische Kräuter ihren würzigen Geschmack geben.

**Salami ist Geschmack pur:** Zur Herstellung einer guten »salame« braucht es auch gutes Fleisch – je nach Sorte eine Mischung aus Schwein, Rind, Esel oder Pferd. Das gehackte Fleisch wird in Naturdärme gefüllt, gepresst, mit Salz gepökelt und luftgetrocknet. Je schonender und langsamer die Reifung der Würste vonstatten geht, desto besser ist ihr Aroma.

# Pizza

## mit Artischocken und Parmaschinken

**Für den Teig:**
300 g Weizenmehl Type 405
20 g frische Hefe
150 ml lauwarmes Wasser
2 EL Olivenöl
½ TL Salz

**Für die Tomatensauce:**
60 g Zwiebel
1 Knoblauchzehe
350 g Tomaten
2 EL Olivenöl
1 EL Tomatenmark
½ TL Salz
frisch gemahlener Pfeffer

**Für den Belag:**
3 junge Artischocken mit Stiel, je etwa 130 g
etwa 6 EL Zitronensaft, Salz
250 g Tomaten
60 g Zwiebel
100 g Parmaschinken
2 EL Olivenöl
1 EL gehackte Kräuter (Petersilie, Thymian, Basilikum)

1 Zunächst die Artischocken vorbereiten. Dafür den Stiel jeweils direkt unter dem Blütenansatz abschneiden und den Boden sofort mit Zitronensaft bestreichen. Die kleinen, harten Blätter rund um den Stielansatz abzupfen. Von den restlichen äußeren Blättern die stacheligen Spitzen mit der Küchenschere und die Spitze jeder Artischocke mit einem scharfen Messer gerade abschneiden. Die Artischocken sofort nach dem Putzen in eine Schüssel mit Wasser und 2 EL Zitronensaft legen, damit sie sich nicht dunkel verfärben.

2 In einem Topf ausreichend Salzwasser mit 2 EL Zitronensaft aufkochen und die Artischocken darin 15 Minuten kochen. Herausheben und kopfüber abtropfen lassen. Jede Artischocke längs in 6 Teile teilen und das Heu entfernen.

3 Das Mehl in eine Schüssel sieben, in die Mitte eine Mulde drücken. Die Hefe hineinbröckeln und mit dem Wasser auflösen, dabei etwas Mehl vom Rand mit untermischen. Den Vorteig mit Mehl bestauben und zugedeckt an einem warmen, zugfreien Ort gehen lassen, bis die Oberfläche Risse zeigt. Öl und Salz zugeben und alles zu einem glatten Teig verarbeiten. Zudecken und zum doppelten Volumen aufgehen lassen.

4 Für die Sauce die Zwiebel und den Knoblauch schälen und fein hacken. Die Tomaten blanchieren, häuten, halbieren, Stielansatz und Samen entfernen und das Fruchtfleisch in kleine Würfel schneiden. Das Öl erhitzen, die Zwiebel und den Knoblauch darin anschwitzen. Die Tomaten kurz mitdünsten, Tomatenmark einrühren, salzen und pfeffern. Die Sauce bei reduzierter Hitze etwa 10 Minuten köcheln und dann abkühlen lassen.

5 Für den Belag die Tomaten waschen, Stielansatz entfernen, Fruchtfleisch achteln. Zwiebel schälen und in Ringe schneiden. Schinken erst in Scheiben, dann in 2 cm breite Streifen schneiden.

**Artischocken und Parmaschinken,**
in Kombination mit reifen Tomaten und
würzigen Kräutern – wer möchte bei
dieser Pizza nicht sofort zugreifen?

# Pizza

## mit Artischocken und Parmaschinken

6 Den Teig kurz durchkneten, halbieren und zu 2 Fladen von je 24 cm Durchmesser ausrollen. Mit bemehlten Händen einen Rand nach außen streichen. Die Böden auf ein Blech legen, mit einer Gabel einstechen, den Rand mit Mehl bestauben. Mit der Tomatensauce bestreichen. Artischockenspalten, Tomatenstücke, Zwiebelringe und Schinkenstücke auflegen. Die Pizzen mit Olivenöl beträufeln und bei 220 °C im vorgeheizten Ofen etwa 20 Minuten backen. Herausnehmen und mit den Kräutern bestreuen. Heiß servieren.

**Solch bunt bemalte Eselskarren** bereichern heute noch das Straßenbild in Sizilien. Mit ihnen bringen die Bauern ihre Ware zum Markt, wie hier die frisch geernteten Artischocken. Auf den Karrenwänden sind meist Szenen aus dem Mittelalter dargestellt.

**Variante:** Statt mit Schinken und Zwiebeln kann man die Pizza auch mit Salami, schwarzen Oliven und Mozzarella belegen.

# Torta fritta
## und Sgonfiotti

**Für Torta fritta:**
500 g Weizenmehl Type 405
12 g frische Hefe
175 ml lauwarme Milch
1 Ei
2 EL Sonnenblumenöl
1 Prise Zucker
1 Prise Salz
Öl zum Ausbacken

**Für Sgonfiotti außerdem:**
Käsewürfel nach Belieben
(Mozzarella, Fontina, Bel Paese)

**Torta fritta:**

Beide Arten von Hefeküchlein werden aus dem gleichen Teig hergestellt: Das Mehl auf eine Arbeitsfläche sieben, in die Mitte eine Mulde drücken. Hefe in der Milch auflösen und in die Mulde gießen. Alle Zutaten zu einem glatten Hefeteig verkneten. Zugedeckt 1 ½ Stunden an einem warmen Ort gehen lassen.
Für die ungefüllte »torta fritta« wird der Teig ausgerollt, in Rauten von 8 cm Kantenlänge geschnitten und ausgebacken wie in Bild 3 und 4 beschrieben.

**Sgonfiotti:**

In den halbmondförmigen »sgonfiotti« steckt jeweils ein Würfel Käse. Den Teig zubereiten wie für Torta fritta, dann weiterverfahren wie in den nachfolgenden Bildern beschrieben.

**Vincenzo, Chef einer Küche in Parma**, rollt den Hefeteig in kleinen Portionen praktischerweise mit der Nudelmaschine auf die gewünschte Stärke aus. Hier setzt er die gefüllten Sgonfiotti auf eine Platte.

1 Die Teigbahn auf der Arbeitsfläche auslegen. 2 cm große Käsewürfel in ausreichendem Abstand (mindestens 7 cm) darauf setzen und den Teig darüber klappen.

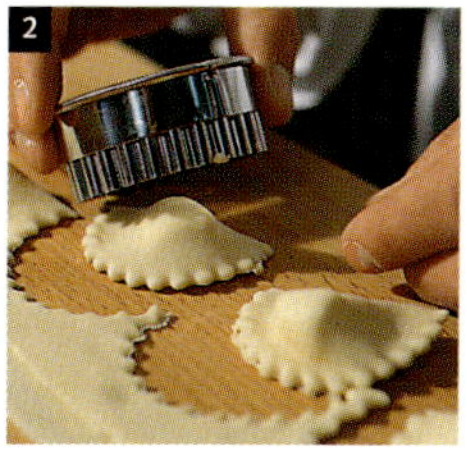

2 Aus dem zusammengeklappten Teigrechteck mit einem runden gezackten Ausstecher von 7 cm Durchmesser Halbkreise ausstechen.

3 Die Ränder der Sgonfiotti gut festdrücken. Ausreichend Öl, etwa 1 bis 1½ l, in einer hochwandigen Pfanne oder in einer Fritteuse auf 180 °C erhitzen und die Teilchen ausbacken.

4 Ob ungefüllt oder mit Käse – Torta fritta und Sgonfiotti schmecken hervorragend zu Antipasti wie Schinken, ergänzen aber auch einen leichten Salat aufs beste.

# Glossar

**Bel Paese** – Beliebter Tafelkäse, halbfester Schnittkäse mit weichem Teig von sahnig-gelber Farbe

**Caciocavallo** – Kuhmilchkäse, der, mit Hilfe der »pasta-filata«-Methode gewonnen, als Tafelkäse gereicht oder als Reibkäse verwendet wird

**Ciabatta** – Längliches Landbrot aus Weizenmehl und Olivenöl; lange Gehzeit von etwa 6 Stunden, in der sich die charakteristischen großen Luftlöcher bilden

**Concentrato di pomodoro** – Tomatenmark aus pürierten reifen Tomaten, ungewürzt. Wird meist in Flaschen, Dosen oder Tuben angeboten

**Crescentine** – Kleine Fladenbrote, die auf einer flachen Platte gebacken, wie Halbmonde aussehen und warm serviert werden

**Estratto di pomodoro** – Hoch konzentriertes Tomatenmark aus Sizilien, das mit Lorbeer oder Basilikum gewürzt wird

**Focaccia** – Flacher Hefefladen, der vor dem Backen, ähnlich einer Pizza, mit verschiedenen Zutaten belegt wird

**Fontina** – Vollfetter halbweicher Tafelkäse

**Grissini** – Dünne, knusprige Brotstangen, die aus Weizenmehl, Wasser, Hefe und Olivenöl hergestellt und meist zu Antipasti gereicht werden

**Mozzarella** – Frischkäse aus Kuh- oder Büffelmilch, der zu Kugeln geformt und häufig für Pizza verwendet wird

**Pancetta** – Gesalzener, meist aufgerollter durchwachsener Schweinebauch

**Pane a cassetta** oder **Pan carré** – Kastenweißbrot, das für Sandwiches und Canapés verwendet wird

**Parmigiano** – Italienischer Hartkäse, der aus entrahmter Kuhmilch hergestellt wird und häufige Verwendung in der italienischen Küche findet

**Passato di pomodoro** – In Stücke geschnittenes Fruchtfleisch von Tomaten, das zu einer homogenen Masse eingekocht wurde

**Pecorino** – Hartkäse aus Schafmilch, der je nach Reifegrad als Tafelkäse oder in der Küche verwendet wird

**Peperoncini** – Sehr scharfe kleine Chili-Schoten, die man nicht mit den milderen Peperoni verwechseln darf

**Piadina** – Sehr dünnes Fladenbrot aus der Emilia-Romagna, das auf einer heißen Platte gebacken wird

**Pomodori secchi** – Getrocknete Tomaten, hergestellt aus Flaschentomaten, die geviertelt, in der Sonne getrocknet und anschließend in Olivenöl eingelegt werden

**Provolone** – Italienischer Brühkäse

**Ricotta** – Körniger Frischkäse aus Kuh- oder Schafmilch

**Toskanabrot** – Dem Ciabatta ähnliches Weißbrot aus der Toskana, das ohne Salz hergestellt wird